教育的彼岸 （三）

培育现代人

褚宏启 著

教育科学出版社

· 北 京 ·

出 版 人　郑豪杰

责任编辑　王晶晶

版式设计　杨玲玲

责任校对　贾静芳

责任印制　米　扬

图书在版编目（CIP）数据

教育的彼岸．二，培育现代人／褚宏启著．--北京：
教育科学出版社，2024.8（2024.10 重印）．--ISBN 978-7
-5191-4046-5

Ⅰ.G40-06

中国国家版本馆 CIP 数据核字第 2024J62J75 号

写给中小学教师与管理者的"通俗教育学"

教育的彼岸（二）：培育现代人

JIAOYU DE BI'AN（ER）：PEIYU XIANDAI REN

出 版 发 行	教育科学出版社			
社　　　址	北京·朝阳区安慧北里安园甲 9 号	邮　　编	100101	
总编室电话	010-64981290	编辑部电话	010-64989363	
出版部电话	010-64989487	市场部电话	010-64989009	
传　　　真	010-64891796	网　　址	http://www.esph.com.cn	
经　　　销	各地新华书店			
制　　　作	北京金奥都图文制作中心			
印　　　刷	河北鹏远艺兴科技有限公司			
开　　　本	720 毫米×1020 毫米　1/16	版　　次	2024 年 8 月第 1 版	
印　　　张	14.75	印　　次	2024 年 10 月第 2 次印刷	
字　　　数	181 千	定　　价	52.00 元	

褚宏启老师的文章我之所以每篇必读，不仅因为他的同理心，他是国内最懂学校、最懂校长的学者，而且更因为他的敏锐和犀利，他把复杂问题简单化的能力，让我敬佩，这样的文章不仅管理者渴求，一线老师们也一定会从中获益良多。

——李希贵（新学校研究会会长）

我喜欢褚宏启教授正直真诚、温暖大气的为人；欣赏他平实却深刻、通俗却生动的文风；更敬佩他见地深刻、严谨执着的学者风范。褚教授是我二十多年前首届校长高研班的导师，亦是当时年轻却资深的培训专家。他的文章我大多读过，此次成书，我用了两天时间又粗读了一下，深感不仅是量的汇集，更有了质的跨越。这本书让我们得以窥见教育的彼岸，一个充满人道性与民主性的理想教育。在为我们揭示现代教育本质的同时，提供了现代教育的诸多实践路径，极具启发性和营养性。书中涉及一些真问题、困惑问题、顽疾问题、我们热衷其中却不知道是问题的问题，虽然尖锐却充满建设性。相信读者们读来都会有感悟，有启发，有思考！

——李烈（中国教育学会小学教育专业委员会理事长、北京市正泽学校校长）

《教育的彼岸》三部曲是写给中小学教师与管理者的"通俗教育学"，展现了一位教育学人，对于"现代教育"、"现代人"和"现代学校"等核心问题的创造性理解和独特性表达，既为读者描绘了一幅现代教育图景，也在宏观的国家教育政策、抽象的理论表述与微观教育实践之间，架起了可以驻足其上、行走其中的桥梁。

——李政涛（中国教育学会副会长、教育部中学校长培训中心主任）

在大变革时代，面对全球化的挑战和数字化、智能化的激荡，中小学教师和管理者因工作任务繁重、繁复、繁琐，容易迷失方向、失去激情和放弃责任。阅看《教育的彼岸》三部曲，能让中小学教师和管理者体悟从事现代教育的岗位幸福感、感悟培养现代人的事业成就感、领悟共建浸透着现代精神的现代学校的社会荣誉感。

——张新平（南京师范大学教科院教育领导与管理研究所所长）

这是一本适合零碎时间阅读的书，有观点金句的意蕴，又有可以化用的借鉴；一本揭示教育真实现状的书，让实践者在心有戚戚的困惑和问题中，找到破解的钥匙；一本满怀对学生、教师、校长深情期许的书，关注生命价值与专业成长，教我们如何在复杂的教育情境中确认和安放自我；一本充满现代教育理性精神的书，清晰简明、掷地有声，让读者不禁思考从教育的此岸抵达彼岸，究竟有多远。如果你想翻开这本书，请跟着作者的言说，一篇一篇，"迈向"教育的彼岸。

——窦桂梅（清华大学附属小学校长）

《教育的彼岸》中的很多文章来自《中小学管理》的"宏启观察"专栏，我曾有幸是这些文章的第一读者。本书是褚宏启教授近二十年来关于教育的近身观察与真实感受，见人见事见未来，有观察有批判有建议，有灵魂接地气甚至有血性！曾经引起我们强烈的共鸣，曾经引领我们走出一个个雷区，也必将继续引领我们走向教育的辉煌彼岸。

——孙金鑫（《中国基础教育》主编、《中小学管理》原主编）

走向教育的彼岸

"彼岸"一词有三种含义：一是江河湖海的对岸；二是佛教所指的脱离尘世烦恼、修成正果之处；三是比喻所追求和向往的一种境界。"教育的彼岸"取第三种含义，是指教育的理想境地。

教育的彼岸或理想的教育，是超越现实的、美好的教育，是人人都向往的教育理想国，起码不像此岸的教育那么卷，孩子不会那么累，不再只以分数论英雄，学生能健康快乐成长，能获得全面发展、个性发展与可持续发展；学生、教师、学校都有更多的自主权，政校关系更加和谐，师生关系更加民主，家校关系更为友好，学校、教师和家长都更加尊重学生，都能以人道精神对待每一个学生，真诚地关注与关心他们的内心感受、喜怒哀乐、兴趣需要，切实地激发他们的生命活力、学习动力、发展潜力。

教育的彼岸是期许之地，是教育乐土，其典型特征就是教育具有"现代精神"。理想的教育、彼岸的教育是具有现代精神的"现代教育"，走向教育的彼岸就是走向现代教育。现代精神或者现代性是教育现代化的本质，教育现代化是一个由传统教育转向现代教育的历史过程，是教育现代性不断增长与实现的发展过程。

教育的现代精神包括教育的人道性、科学性、民主性、法治性、专业性等方面，其中，人道性是首要特征。现代精神是本书一脉相承、一以贯之的主线。《教育的彼岸》分为三卷，三卷副书名依次为"走向现代教育""培育现代人""建设现代学校"，三者文脉相同，内涵一致，都是弘扬教育的现代精神，倡导以现代教育、现代学校培育现代人，进而建设现代国家。

从此岸走向彼岸，并不容易，其间充满艰辛，有激流险滩，有狂风暴雨，有顽瘴痼疾，有艰难险阻，克服种种困难不仅需要智慧，更需要勇气。教学的改进需要勇气，管理的改进也需要勇气。狭路相逢勇者胜，勇气来自对"现代精神"的坚守与坚持，来自心中笃定的教育信念与教育情怀。只有做具有现代精神的教育，教育工作者才能为自己找到从事教育职业的价值和尊严。整天陷在题海战术、分数旋涡、升学竞争中的教育人生，其价值是大打折扣的，每一个教育工作者都应该从超越此岸走向彼岸的过程中，获得内在的专业成长和生命价值。需要谨记的是，此岸并非漆黑一片，此岸有成绩有问题、有亮点有难点，此岸是走向彼岸的基础，我们应该从此岸中汲取经验教训、获取信心与力量，并在现代精神的引领下，更快更好地走向彼岸。我们反对历史虚无主义，反对割裂教育发展与改革的连续性，反对否定广大实际工作者过去和现在所做的实际工作的价值。不能只要彼岸，否定此岸。教育要在守正（坚守现代精神）中创新，在继承（反对历史虚无主义）中创新。

本书是为基础教育领域的实际工作者而写的，是近二十年来个人教育随笔的集成，语言通俗易懂，篇幅短小精悍，不同于术语繁多、篇幅冗长的学术文章，收录的多数文章都在两千字以内，可以说，本书是为中小学教师和管理者量身打造的"通俗教育学"。

本书通俗，但不庸俗，直面现实中或者说此岸中的教育问题，并以"现代精神"为价值导向分析问题与解决问题。对于现实问题，不回避不掩盖，有尖锐的批评，但是更强调建设性，力求在分析问题的基础上，提出明确的解决问题的针对性策略。本书最大的期待就是，能够为基础教育工作者包括教育公务员、中小学教师和管理者、教育培训人员等等的日常工作，提供实实在在的启示和帮助。可读性与实用性是本书的突出特点。

此书不是一蹴而就的急就篇，而是对过去二十年尤其是对过去八年多教育改革中现实问题的持续观察与思考。2016年1月，我在《中小学管理》开设教育专栏"宏启观察"，每月写一篇，写到2024年4月，历时100个月即八年零四个月，共写了100篇。此前不断有教育界和出版界的朋友督促结集出版，写完100篇之时，也是一个好的时间节点，于是开始收集整理这些文稿。本书共收录139篇文章，以"宏启观察"专栏文章为主，加上在《中小学管理》《中国教育学刊》《人民教育》《中国基础教育》等发表的其他40余篇文章。最早的一篇是发表于《中小学管理》2005年第6期的《建设现代学校制度：校长应注意什么？》，最晚的一篇是发表于《中小学管理》2024年第7期的《教育管理实践与教育管理研究向何处去》，前后时间跨度近二十年。从这个意义上讲，本书也是对过去二十年尤其是过去八年多我国基础教育改革与发展的观察和记录，有助于我们回顾历史、立足现实、展望未来，有助于我们看清来时路，能够更加清醒地从此岸走向彼岸。

本书原计划出一本，但是排版之后发现篇幅较大，为便于读者携带与阅读，于是分为三卷出版。三卷书名分别为《教育的彼岸（一）：走向现代教育》《教育的彼岸（二）：培育现代人》《教育的彼岸（三）：建设现代学校》，分别收录41篇、52篇、46篇文章。这三卷书共同构成一个相对完整的"通俗教育学"知识体系，其中的每一篇文章，都适合于实际工作者包括每一位中小学教师阅读。绝不是三本书分别有不同的读者对象。

这些文章从题目到内容，都来自活生生的基础教育实践，所涉及的都是真问题，都是实际工作者关心的问题、遇到的难题，在对这些问题进行观察、思考、写作的过程中，我向广大中小学校长、中小学教师、教育局局长、教研员请教很多，也获益很多，是他们支撑起中国的基础教育，是他们给了我理论的勇气与自信。我的很多学术观点不是产生于书本，而是来自真实的中国基础教育实践，实践是理论的源头活水。在此，对广大实际工作者表示衷心的感谢，这本书凝聚着他们的经验与智慧。

最后，感谢《中小学管理》和教育科学出版社对于本书出版所给予的鼎力支持！感谢责任编辑王晶晶女士为本书优质高效出版所付出的劳动！

褚宏启
2024 年 7 月于北京师范大学寓所

目　　录

第 一 编

以人道精神对待每一个学生

人的现代化是教育现代化的归宿。培养平等开放、独立自主、乐观进取、科学理性的现代人，是中小学教师与学校管理者的光荣使命。

培育现代人与改造国民性

距今整整 100 年前的 1916 年，梁启超的《国民浅训》一书写就并出版，此后该书多次印行，甚为畅销，被列为各级学校公民科参考用书，更被誉为"共和国民必读书"。该书旨在改造消极麻木之国民性，化育具有自由平等精神、参政自治能力、公共道德伦理、科学实证精神的现代公民，认为唯有如此，现代国家的建立始有根基。简言之，该书意在培育现代人、改造国民性。一个世纪过去了，100 年后的今天，试问我国 14 亿人都是现代人吗？我们所认识的家人朋友、同事同行，所不认识的芸芸众生，他们都是现代人吗？其中有多少人还是鲁迅笔下的阿 Q 及其同类？我们的国民性是否需要进一步改造？

综合相关研究，笔者认为，现代人至少具有以下几个特点。

第一，平等开放。现代人应秉持民主平等观念，尊重他人，认为人人平等、男女平等；心胸开阔，乐于接受新思想、新经验，能尊重并包容不同看法，积极参与公共事务。

第二，独立自主。表现在有个人主见，愿意和能够独立做决定、独立解决问题，独立于传统权威；不人云亦云，不过多依靠、依赖他人，不受或较少受他人的影响。

第三，乐观进取。对人对事都持乐观的态度，健康向上，积极进取，如相信个人通过努力可以克服恶劣环境，通过努力可以取得更好的成绩、过上幸福生活等。拒绝对工作生活中的不如意之事采取被动、顺从的态度。

第四，科学理性。现代人要掌握科学知识，具有科学精神，运用科学方法探求未知世界。不信鬼神，不把一些现象归因于超自然的力量；能理性看待自身与自我、与自然、与社会的关系，相信理性的力量，积极运用理性方法去解决各种问题。

然而，仔细观之，尽管改革开放以来我国国民素质有了较大程度的提高，不少国人却仍不具备现代人的精神气质，表现出典型"传统人"的诸多特征，具体表现在：

第一，顺从权威。为人处世中，顺从如父母、长者、上司等威权人士，不敢质疑权威的合理性与合法性，没有个人主见或者不敢表达个人看法。漠视民主与法治，看重等级，注重关系，凡遇到事情往往要找关系即找"有权威的人"搞定，不信制度信关系，不信能力信关系。注重跟对人、站好队，害怕站错队，人身依附性很强而自主性不足。

第二，保守自私。满足现状、与人无争、不求进取。即便对现状不满，为求自保，也往往不敢抗争而选择逆来顺受。心态封闭，没有"非分之想"。明哲保身，少管甚至不管闲事，不关心公益事务，事不关己高高挂起。

第三，宿命自抑。相信命运及运气，认为人对强有力的外在环境（如钱财与权势）无能为力，不相信凭借自己的力量可以改变自己的命运、可以改进社会，认为"我命由天不由我"，不信自己信外力。

第四，迷信鬼神。相信外在的、神秘的力量，相信鬼神，相信风水，求卜问卦，漠视科学。一些权力"精英"、财富"精英"、文艺"精英"对于一些所谓"大师"的崇拜与追随，很多民众求神拜佛、易被某些别有用心人士诱导忽悠等现象，都说明当前国民性中科学与理性精神不足。

以上种种，说明国人依然主体性不彰、依附性很强。不少人精神深处封建余毒阴魂未散，梁启超、鲁迅等鞭挞的精神劣根性仍未根除。中国之国民性需要进一步改造，否则，难以建立起真正的现代国家，难以实现真正的国家现代化。现代化学者英克尔斯和史密斯指出："在发展过程中一个基本的因素是个人，除非国民是现代的，否则一个国家就不是现代的。在任何情况下，除非在经济以及各种机构工作的人民具有某种程度的现代性，否则我们怀疑这个国家的经济会有高的生产力，或者它的政治与行政机构会很有效率。"①

教育的首要问题即"培养什么人"的问题。教育现代化的目标是人的现代化和社会现代化。教育为建设现代国家服务、为社会现代化服务，也必须通过培养人去间接完成。因此，教育现代化的最后归宿或者根本目标是人的现代化。而人的现代化，就是"把传统人变成现代人"。衡量我国教育现代化水平的根本尺度，是我们所培养的人是否是现代人，是否具有现代的精神气质。悠悠万事，唯此为大！

如果您是校长或者教师，那么请问您的学校所培养的学生是现代人吗？您是崇尚民主平等、独立自主、乐观进取、科学理性的现代人吗？如果您尚不是或者不完全是现代人，还如何将学生培养成现代人？校长与教师的现代化水平，往往决定着学生的现代化水平，其责任重大、使命光荣。

（原文发表于《中小学管理》2016 年第 4 期）

---

① 英克尔斯，史密斯. 从传统人到现代人：六个发展中国家中的个人变化 [M].
北京：中国人民大学出版社，1992：10.

人的现代化是教育现代化的归宿：
从"贪官教子"说起

教育以育人为本，人的现代化是教育现代化的归宿。教育现代化涉及方方面面千头万绪，课程内容、教育教学方法、教育管理、教师队伍、教育技术等都需要现代化，但所有这些都是为了什么？毫无疑问是人的现代化，是让学生成为现代人，让学生具备现代素质。

何为现代人？简言之，就是具有现代精神的人。对此，前一篇文章《培育现代人与改造国民性》已有论述，读者可以参阅。

本文想强调的是：在我国当前这个历史发展阶段，实现人的现代化、培育现代人并不容易，需要各级各类教育共同努力，甚至需要全社会共同努力。对此，笔者想从一个"教子"案例谈起。

某官员因贪腐沦为阶下囚，他在位之时风光无限，曾给其在大学读书的孩子写信，吐露"九阴真经"，教子如何走仕途。信件的大致内容如下。（1）不要追求真理，不要探询事物的本来面目。对自己有利的，就是正确的。（2）不但要学会说假话，更要善于说假话。（3）要有文凭，但不要真有知识，真有知识会害了你。有了知识你就会独立思考，而独立思考是从政的大忌。（4）做官的目的是什么？是利益。要不知疲倦地攫取各种利益。（5）必须把会做人放在首位，然后才是会做事。这里说的"做人"，就是处关系。"做事"是实际工作，这点会不会都无所谓。（6）我们的社会实质是农民社会，所以你做事的方式方法必须具有农民特点，要搞短期效益，要"鼠目寸光"。（7）要相信拍马是一种高级艺术。拍马就是为了得到上级的赏识。（8）慎于言，要支持"老大"肯定支持的、要否定"老大"肯定否定的。（9）所有的法律法规、政策制度都不是必须严格遵守的，确切地说，执行起来都是可以变通的。

从这个"贪官教子"的案例，可看到在当今中国，培育现代人依然任重道远。这封信的价值取向是：漠视民主，无视法治，看重等级，注重关系，搞人身依附，唯上不唯实，不说真话，溜须拍马。读罢此信，陈腐气息扑面而来，此公直言不讳地劝告其子"要多学习封建的那一套"，而现代化的价值追求，如平等开放、民主法治、科学理性、独立思考、追求真理等，通通不要。当然这些秘籍"传内不传外"，都是此公总结几十年为官经验之后的肺腑之言，可见官场之中腐朽文化封建文化依然存在，官场生态亟待净化。这封信实在是我们讨论 21 世纪我国"人的现代化"议题最典型的反面教材。如果此类人掌控了国家公共权力，那么治理现代化何时才能实现？权力不变质才怪！

本文写就于 2018 年 8 月 25 日，三天前即 22 日，漫画家方成先生逝世，享年 100 岁。他的漫画大力鞭挞国民性中的落后与鄙陋，对于官场的讽刺更是入木三分。朋友圈里纪念他的一篇文章的标题是《方成已去，他讽刺的人和事还在茁壮成长》。"人的现代化"谈何容易？

行风政风影响民风，也影响校风师风、教风学风。具有现代精神的现代行政体系和现代官员群体，是教育现代化推进人的现代化的重要外部条件。政府主导的教育现代化模式下，行政官员现代素质如何，能否做到科学、民主、依法行政，对于能否实现教育现代化、能否把学生培育成现代人影响甚巨。同理，要把青少年培养成现代学生，校长首先应该成为现代校长，教师应该成为现代教师。我们怎么能指望"传统"的校长、教师、父母培养出"现代"的学生呢？

因此，本文所讲的"人的现代化"，不仅针对青少年学生，也针对校长、教师、教育行政官员，甚至所有的党政官员与普罗大众。进而，本文所讲的"教育现代化"之"教育"，并不仅仅指普通中小学教育，而是包括各级各类教育，包括针对校长和教师的成人教育，包括针对社区群众的社区教育，包括各级党校所开展的干部教育，甚至包括父母对孩子开展的家庭教育。所有的教育都需要现代化，都需要具有现代精神，都应该把自己的教育对象培养成现代人。当包括党政官员、校长、教师、父母在内的大人都完成人的现代化了，都成为现代人了，孩子的现代化就比较简单了。

通过教育现代化促进人的现代化，任务艰巨。要秉持一种现实主义的态度，要有打持久战的准备，不能追求短期效应，尤其不要好大喜功、追求政绩，这本身就是反现代化的。推进教育现代化，要紧紧围绕"人的现代化"来展开，而不是围绕一堆数量化的指标如入学率、达标率、参与率、巩固率等展开。人的现代化，还要适应 21 世纪的时代要求，要具备 21 世纪所需要的"新现代素养"即"核心素养"，如创新能力、批判性思维、公民素养、合作能力、信息素养等。

人的现代化在我国当前是一场真正的价值革命、文化变革，变革尚未成功，同志仍需努力！

（原文发表于《中小学管理》2018 年第 9 期）

教育应该高举人道主义的旗帜

　　教育必须有人道主义精神、人道主义情怀。何谓人道主义？尽管众说纷纭，莫衷一是，但其基本含义无非是把人当人看，把孩子当孩子看，尊重孩子的人格尊严、兴趣爱好，关注孩子的一生幸福，关心孩子的根本利益和长远利益。

　　教育的过程严重缺乏人道主义精神。由于过度追求升学率，中小学生课业负担过重，睡眠时间普遍不足，身心健康受到严重损害。一些学校的口号颇能说明问题，例如"只要没学死，就往死里学""生时何必久睡，死后自会长眠"等，意在鼓励学生加班加点地学习，以时间换高分，以生命搏高分。学生学习方式陈旧，自主发展能力严重不足。学生的成长是被成长，学生的发展是被发展，学生的学习是被学习，学生缺乏自己的时间和空间。一些重点中学的学生甚至把自己就读的学校称为"监狱""地狱""炼狱"。教育中诗情画意少，压抑憋屈多。这样的教育过程无疑是不人道的。

　　但有些人包括一些校长、教师、家长，甚至学生自身都会说，这种教育恰恰是最"人道"的，恰恰是为了孩子好！是真正对学生负责的！因为在中国教育的这个发展阶段，把孩子送进好高中、好大学是学校最重要的使命，否则孩子将来哪有前途和地位？没有苦中苦，哪有甜中甜？不经历风雨，怎能见彩虹？让孩子在学校轻轻松松、快乐成长，但考不上大学特别是好大学，岂不断送了孩子的前途？这不是害人吗？因此，学生加班加点、起早贪黑、牺牲身心健康地学习是合理的，是正常的，是必须付出的代价。一代代学子岁岁年年"都是这么过来的"，对此口诛笔伐是无视国情、无视学生长远利益的表现，大可不必！

笔者对这些说法大不以为然。我不否定追求分数的合理性，因为分数的确与孩子、与家庭、与学校的利益紧密相连。在当前国情下，一个不重视分数的教师绝对不是好教师，但同时，一个只重视分数的教师也绝对不是好教师。我们应该重视考试、重视分数，但更应该超越考试、超越分数。学生不一定非要苦学、死学、"往死里学"才能学好，会学、活学、科学地学，更有可能获得高分高能。一个只会考试的孩子，既飞不高，也飞不远，只有体魄强健、心态阳光、知识面宽、善于思考、勤于动手、勇于创新、热爱生活、有责任感的人，才能在 21 世纪展翅高飞、大有作为，才能生活幸福、工作快乐。

在基础教育中，我们的许多学校在培养会考试的人，而不是会创造的人，甚至不是会生活的人。许多学生长于死记与硬背，短于思考与创造；长于纸上谈兵，短于动手实践，甚至缺乏基本的生活技能和自理能力，更谈不上将来能够闯荡天下、"笑傲江湖"。学生总体发展水平不高，发展严重不均衡，可持续发展能力不强。学生素质不能适应自身可持续发展的要求，不能适应经济社会变革的要求，不能满足国际竞争的要求。

从这个意义上讲，以分数为本的教育导致了人的异化而不是人的解放，本身就是不人道的。片面追求分数的应试教育，其过程和结果都是不人道的。师生经过"苦不堪言的教育过程"，收获的却是学生"片面发展的苦果"，事倍功半，出力不讨好。当前的教育过于短视和急功近利，教育教学水平低下粗放，只想到中考和高考的"一时"，没顾及学生漫漫人生的"一世"；只看到了学生的近期利益，没有看到学生真正的长远利益和根本利益。只有关注学生一生一世幸福、关注其长远与根本利益的教育，才是真正的人道主义教育！

　　教育必须高举人道主义的旗帜，不论是教育的过程还是教育的结果，都应该充满人道精神。教育的目的不是压制人、束缚人，而是人的自由与解放。

（原文发表于《中小学管理》2016 年第 1 期，收录时有改动）

教育要让生命舒展而非扭曲更非毁灭

我的一个大学同学的独子，在一所名校读研究生。几年前我曾见过这个孩子，帅气开朗，显得很阳光。2016 年的第一天，我从他人口中得知，这个孩子已在两个星期前跳楼自杀。其父母悲痛欲绝，但无力回天。正是二十五六岁的花样年华，他却再也不能看到朝霞落日、物换星移，不能看到春花秋月、夏雨冬雪，不能娶妻生子，欣享亲情、爱情、友情。死亡是幽暗的黑洞，无情地吸走了这些美好的事物。一个人诀别了生命，也就诀别了这些机缘。

人生下来，唯一具有确定性的事情就是会死亡。寿终正寝最为自然，自杀最为无奈。一个年老生命的逝去尚且让人哀伤，何况是一个年轻生命，更何况是年轻生命的自我结束！每每想起这个孩子，我都会难过不已。

自杀是对生命的否定，当前青少年学生的自杀现象不容小觑。年轻人本该青春无敌、风华正茂，缘何自杀？一个人如果是在走出校园后，出于工作、家庭等原因而自杀，那么不一定归咎于教育。但是，一个人如果是在学生时代选择自杀，那么教育或直接或间接地，是有责任的。有关研究发现，自杀并不是不假思索的、一时冲动的行为，大部分青少年自杀者都与他人谈过或者以其他形式表露过自杀意图，每一个完成的自杀行为发生前，可能会有 8—20 次的自杀尝试。教育工作者如果能够对他们多一些关注，特别是多一些关爱，那么一些自杀悲剧是可以避免的。

人的存在状态就是"活着"。教育的基本作用是让人活得更好，教育的使命是让生命之花绽放而不是凋谢，是让生命舒展而不是终结。教育要给校园里的每一个生命带来希望。教育的最大意义和价值，是提升每个学生的生命质量，让每个学生认识到生命的意义与尊严、生命的责任与美好，让学生留恋生命、热爱生命，尊重自己的生命，也尊重别人的生命；不伤害毁灭自己，也不伤害杀害别人。

我们需要认真对待、思考教育与生命的关系。教育的意义在于提升学生生命的活力，让学生更有生命力。从哲学的角度讲，就是提升人的"主体性"。主体性并不神秘，主体性表现为积极性、自主性、创造性。积极性意味着积极向上、自强不息、开拓进取、奋发有为；自主性意味着能够独立思考，有主见，不盲从；创造性意味着不墨守成规，充满创新意识，具有创新能力，并通过创新性的行为改造世界。怯弱、畏缩、忍让、保守，是缺乏主体性的表现。

死亡是对主体性的否定，是生命力的终结。为减少自杀现象，开展让学生敬畏生命、尊重生命的生命教育至关重要。但仅有狭义的特别是课程化的生命教育是远远不够的，真正的、最好的生命教育，是师生日常交流中教师对于学生生命的敬畏与呵护，对于学生的尊重与宽容。有了足够的哪怕些许的关爱、尊重、宽容，一些自杀事件也许就不会发生。

如果说自杀毁灭了生命，那么，以分数为本的教育则是"扭曲"了生命，这也是对于人的主体性的戕害。这种疯狂追求高分的教育，削弱、拖垮了学生的生命，减低了人的生命力和幸福感，导致了学生主体性的丧失和削弱，甚至极少数学生的自杀。这种单向度的教育，这种让人片面发展的教育，是一种让人平庸的教育、使人异化的教育，难以引发学生的学习兴趣；令生命无趣，使生命脆弱，使学生的主体性残缺。

因此，我们要警惕这种教育的"非极端后果"——不是极少数生命的生理死亡，而是绝大多数学生生命力、主体性的衰减和扭曲。这种大面积的"生命扭曲"，比个别学生的"生命毁灭"所造成的社会后果更为严重。

好的教育，是让每一个学生，不管分数高低、家庭贫富，都不悲观厌世，都乐观向上，都想活着，都感觉活着有意思、有意义，有盼头、有劲头，有希望、不失望、更不绝望。这样的教育是真正的"人道主义"的教育，是真正的"以人为本"的教育。

（原文发表于《中小学管理》2016 年第 2 期）

让主体性之花绽放盛开

　　主体性并不神秘，在最浅层次上，我们可以把它理解为"主动性"。在教育话语中有"双主体"的表述，即教师主体与学生主体。意思是说，在教育教学中，学生并不是被动接受的客体，在充分发挥教师主动性的同时，也要发挥学生的主动性，否则，学习就是被动的，很难取得良好的效果。

　　全面而言，主体性包括积极性、自主性、创造性三个方面。积极性意味着积极向上、自强不息、开拓进取、奋发有为；自主性意味着能够独立思考，有主见，不跟风，不盲从；创造性是主体性的集中和最高体现，意味着不墨守成规，充满创新意识，具有创新能力，并通过创新性的行为改造世界。

　　主体性并不只是对于教育重要，对于国家发展也至关重要。

　　英国思想家穆勒曾言："从长期来说，一个国家的价值就是组成这个国家的个人的价值；一个国家如果为了要使它的人民成为它手中更加驯服的工具，哪怕是为了有益的目的，而……使人民渺小，就会发现靠渺小的人民是不能完成伟大的事业的。"① 什么是

---

① 布洛克. 西方人文主义传统［M］. 北京：生活·读书·新知三联书店，1997：163.

渺小的人民？渺小的人民就是主体性缺失的人民，就是积极性、自主性、创造性缺失的人民。这样的人民徒有"人民"之名，实为乌合之众，难以担当大任。

中华民族的伟大复兴是一项伟大的事业，这项伟大的事业必须靠伟大的人民才能完成。中华民族是勤劳、智慧、勇敢的民族，但是，中华民族是一个主体性强的民族吗？13亿多中国人的积极性、自主性和创造性如何？2亿多大中小学生的积极性、自主性和创造性如何？情况恐怕不容乐观。

就积极性而言，国人发展之内在动力不足是主要问题。"枪打出头鸟""木秀于林，风必摧之"等传统文化观念，依然在一定程度上抑制着人的积极性的发挥。社会阶层流动机会少，社会资源分配欠公平也影响了人的积极性的释放。学生的学习积极性特别是备考的积极性貌似很高，但主要源于外在压力，不是出自内心兴趣，这种积极性是一种外在的、被动的、虚假的积极性。

就自主性而言，不论是成年人还是中小学生，都存在个性张扬不够、独立性差、批判性弱等问题。许多人担心人言可畏，不敢标新立异。个人在职场发展，不完全相信个人专业能力，往往认为关系、"后门"比能力更重要，担心"站错队"，人身依附性很强。学生则依附于分数，为考而学，千人一面，个性不彰。

就创造性而言，创新能力不足是我国国民素质也是我国学生素质的最大短板。在2015年全球各国创新能力排名中，韩国第一，日本第二，德国第三，中国排在第22位。中国到2015年才实现诺贝尔奖自然科学奖项零的突破，而日本已获得21个奖项（其中11个是物理学奖）。这种差距，是国民创造性的差距，也是国民主体性整体的差距。不自由，毋宁死；不创新，只有死。"创新发展"理念实为我国最需要的发展理念。

主体性具体存在于每一个人的精神世界中，主体性是个体的，但也是集体的，是民族的。主体性是一个国家、一个民族的灵魂。

主体性的有无、高低，是衡量一个社会是否是现代社会的尺度。个人没有主体性，则社会无活力，国家没前途，民族难振兴。每个人的活力，是国家的最大财富。主体性是民气、是士气，如果民气萎靡、士气低沉，国家则无望。主体性强意味着生机盎然、朝气蓬勃、雄姿英发、独立自主、新意迭出、创新无限，意味着锐气、浩气、勇气一泻千里、锐不可当，意味着"我命由我不由天"。

教育的目的在于使人成为他自己，变成他自己。教育的终极使命是提升人的主体性，要培养有独立精神、自主精神、创造精神的现代人，而不是唯唯诺诺的臣民和顺民。我们需要从主体性的高度，重新审视素质教育、全面发展、三维目标等理念的内涵与重点。那么，影响主体性提升的根本因素是什么？就社会层面而言，是制度。市场经济的平等交换、自由缔约，民主政治的充分参与、自由表达，以及二者对于人的需求和意愿的充分尊重，是人的积极性、自主性、创造性得以焕发的重要保障。教育要促进人主体性的提升，就必须借鉴市场经济和民主政治的平等、自由、民主精神。只有自由、民主的教育，才能让人的主体性之树根深、枝繁、叶茂，让主体性之花绽放盛开。让我们携起手来，共同打造更加自由、民主的新教育，告别主体性的黄昏与黑夜，迎接主体性的黎明与日出。

（原文发表于《中小学管理》2016 年第 3 期）

关注学生的生存状况与基本需要

近期一个热词是"996"。"996"是指某些上班族每天早晨9点上班、晚上9点下班，每周工作6天。"996"是违反我国劳动法的，现在多用来形容成年人生存状况之艰难。而在我看来，还是孩子的中小学生比成年人更辛苦。他们起早贪黑，除了去学校上学，放学后还有刷不完的题，周末还有上不完的补习班。成年人是"996"，孩子们则可能是"715"，即每周学习7天，每天学习15小时，除了吃饭睡觉就是学习，甚至连觉都睡不够。成年人的"996"与孩子们的"715"相比，简直是小巫见大巫。

谈起学校的使命与学生的未来，不论是家长还是教师，不论是学校还是社会，往往喜欢宏大叙事。大家都目光远大、面向未来，但很少有人真诚关注学生们当下的生存状况，好像只要学生将来能自我实现、能向上流动、能具有社会竞争力，无论现在活得多么压抑与苦闷，都是值得的，家长和某些教师的严格要求都是可以忍受的，因为他们都是为了孩子好，目的使手段合理化。

学生是教育领域最为弱势的群体，也是我国最苦最累压力最大的群体。很多家长和教师、学校与校外补习机构一起向他们施压，"唯分数""唯升学"大行其道，打着以学生为中心的旗号，行伤害学生的身心健康与可持续发展之实，与真正的以学生为中心的理念南辕北辙。

以学生为中心不能只是停留于口号。要有实实在在的思路与作为，要关注学生的日常感受与实际获得。学生是人，有基本需要，有基本人权，如果这些都不能满足，何谈健康快乐成长，何谈美好生活？实际上，家长和教师对学生的真实生存状况不是不知道，也不是不在意、不心疼，只是他们认为，为了孩子们的未来，为了更长远的利益，分数与升学之外的其他东西，包括休息、健康、锻炼、娱乐、尊严、兴趣等，都可以暂时放下。

没有好的当下，哪有好的未来？我们郑重呼吁，不能只要未来，不要当下。要关注与改善学生们当下的生存状况，要满足学生们的基本需要。

心理学家马斯洛把人的需要划分为两大类别五种需要：基本需要（生理的需要、安全的需要、归属与爱的需要、尊重的需要）、高级需要（自我实现的需要）。他认为基本需要受到挫折会造成心理变态；基本需要得到满足，无论从心理上还是从生理上，都会使人变得健康。评价某种社会制度是否正义，首先要看这种制度能否满足人们这些基本需要。我们的教育，往往过于关注学生自我实现的高级需要尤其是升学的需要，而对于其基本需要关注不够，既违反了公共教育服务的本意，又影响了学生的现实感受与未来发展。

关注学生们的基本需要，要点有四。

第一，关注生理的需要。生理的需要是维持个体生存的需要，是人的各种需要中最原始、最基本的需要，如食物、水、氧气和休息等。不论是学校还是家长，都要考虑：学生吃得怎么样？喝得怎么样？是否吃饱穿暖？睡眠是否足够？政府和学校要为贫困学生提供免费午餐，要让所有学生把觉睡够。如果基本的生理需要没有得到满足，那么其他高层级的需要就处于压抑状态。学生会什么都不想，只想让自己活下去，其思考能力、道德判断力明显变弱，继而影响学生们的身心成长。

　　第二，关注安全的需要。安全的需要同样属于低级别的需求，包括对安全、秩序、免遭痛苦疾病与威胁的需要，这种需要的满足能给学生带来安全感。学校要为学生提供安全的校舍和活动空间，避免伤害事故的发生，避免校园欺凌现象的发生。教师和家长不要动辄以分数与排名为由向学生施加精神压力，不要挖苦、训斥、辱骂甚至体罚学生，不要让亲子关系与师生关系恶化或异化。

　　第三，关注情感与归属的需要。情感与归属的需要是指融入别人中间的需要，与他人建立关系的需要，爱与被爱的需要。如该需要得到满足，学生就会对家庭、对学校产生良好的归属感，感受到家庭与集体的温暖，否则便会引起学生的孤独感和爱的缺失感，学生甚至会离家出走、逃课逃学。

　　第四，关注尊重的需要。尊重的需要包括自我尊重、被别人尊重、尊重别人，有地位、有威信等，如得到满足，学生能产生自信，有价值感、成就感；否则会陷入自卑、软弱和无能的状态中。

　　我们的教育过于急功近利，过于关注分数，学生的上述基本需要经常被漠视、被压抑，学生如何有幸福感？如何对学校生活满意？如何全面发展？如何为未来奠定可持续发展的基础？

　　马斯洛认为人还有最高层次的需要即自我实现的需要，即个人实现目标、理想、抱负，充分发挥潜能，成为自己所期望的人的需要。我们往往把自我实现的需要与四个基本需要对立起来，为了前者而牺牲后四者，并把这种牺牲合理化、悲壮化。这种牺牲，得不偿失，且侵犯人权。

　　夯实基础之后再追求卓越吧。没有根基、薄情寡义、牺牲基本需要的自我实现，不要也罢。

（原文发表于《中小学管理》2021 年第 2 期）

让每个孩子有尊严地"活着"

当前，教育界热议的话题是教育强国建设、教育现代化、拔尖创新人才培养等，这些也是近几年我研究较多的话题，都与高质量发展、追求卓越、国家强盛、民族复兴密切相关，都是需要慎重对待且深入研究的领域。但是本文无意讨论这些宏大话题，只想表达一个基本的、朴素的底线要求：让每个孩子有尊严地活着！活着而没有尊严，生命质量就大打折扣，满意度与幸福感就会很低。让学生有尊严地活着，意味着他们的生命受到尊重。为此，学校、教师、家长、社会要致力于做到以下几点。

第一，让学生安全、健康地活着。他杀和自杀都是对生命尊严的完全否定，人首先要活着才能展开人生的各种可能性，生命的消失意味着人生无限可能性的完全丧失。某地三名初中生杀害一名同学，作案过程中表现出来的冷漠与残忍令人震惊。校园霸凌时有发生，极少数学生恃强凌弱、倚富傲贫、以多欺少、以大欺小，被欺凌者身心健康受到创伤，甚至惨遭杀害或通过自杀寻求解脱。近年来，中小学生自杀呈现出低龄化趋势，由中学向小学延伸，中小学生的抑郁检出率居高不下，而重度抑郁往往会导致自杀。上述问题，令全社会忧虑。教师和家长非常关心孩子的身体安全与健康，学校更是唯恐出现人身伤害事故，也担心学生跳楼，个别学校甚至把整个教学楼用栅栏封上。但是我们更要关注孩子的心理健康问题。由于心理问题带有内隐性，往往更难以被发现，带来的危害也更大。

第二，让学生真实、自由地活着。近期，小学生"厕所社交"现象引起关注，所谓"厕所社交"，是指课间十分钟学生在厕所里的社交。由于学校或教师担心学生出现人身安全问题，不让学生去操场，不让学生在楼道停留，甚至在教室里也要坐在自己的位子上，学生出于无奈，只能趁上厕所的时间跟同学聊几句。天真烂漫、活泼好动是小孩子的本真状态，但是一些学校限制学生在课间的正常交流、游戏、出教室活动等自由，把孩子规训成"小大人"或"小绵羊"，迫使孩子形成双面人格，在老师面前"装"成老师喜欢的样子，在私下里如在"厕所社交"时才呈现其本真面貌。一些学校对于学生的时间管理与言行管理非常苛刻，学生自主、自由的时间与空间极为有限，学生真实的天性被压抑，法定的权利被侵害。还有一些学校为了迎接上级检查获取好成绩，公然教学生在问卷调查或访谈中作假，与诚信教育南辕北辙。

第三，让学生快乐、自信地活着。分数压力是学生不快乐、不自信的重要原因。不少学校和班级"以分数论英雄"，而分数高者只是少数，致使多数学生有学业压力，且教师们在教育或评价学生时往往批评多表扬少，使得大多数学生不自信也不快乐。学生的兴趣、才能是多方面的，让学生形成乐观自信的人生态度，对其一生幸福都有至关重要的影响。北京光明小学的教育理念是"我能行"，鼓励学生自信自强，这个理念在发展过程中又被细化为八句话："相信自己行，才会我能行；别人说我行，努力才能行；你在这点行，我在那点行；今天若不行，明天争取行；能正视不行，也是我能行；不但自己行，帮助别人行；相互支持行，合作大家行；争取全面行，创造才最行。"这八句话不仅充分展示了一种昂扬向上的生命态度与人生姿态，而且展示出一种互相尊重、与人为善、助人为乐、各美其美、美美与共的伦理精神与道德态度，非常值得学习与践行。

唯分数、唯升学、过分内卷是学生出现上述一系列问题的根源。一些学校和教师、家长只关心分数，常常以爱的名义，以对孩子好、对孩子未来负责的名义，批评、指责、羞辱、体罚学习成绩下降或者落后的学生，不关心学生的生存状况，不关注学生的全面成长，不了解学生的所思所想，不清楚学生之间的交往状况，不知道遭受霸凌的学生、心理抑郁的学生内心深处的煎熬与痛苦，导致一些悲剧甚至惨剧的发生。这种局面必须改变，不能再继续下去了。

让学生有尊严地活着，就是让学生像"人"一样地活着，满足人之为人的基本需要，保护人之为人的基本人权。教育是一项道德性的事业，要善待每一个学生，关注每一个学生的喜怒哀乐，让每一个学生都成为有道德的人。学校未必能让每个学生将来都成为对社会贡献大的人，但是有责任让每个学生都做到与人为善，不危害他人，有共情能力，会换位思考。学校要引导所有教师、学生及家长树立己所不欲勿施于人的道德观和伦理观。那些杀害、伤害同学的学生，体罚、辱骂、挖苦学生的教师或家长，都是在道德观上缺乏内在一致性、秉持双重标准的人，是在道德上有欠缺的人。学校教育和家庭教育一定要树立"以德为先"的理念，学生可以不成才，但不能成为危害社会、伤害他人的人。要让教师和学生尊重别人的尊严，认识到侮辱别人尊严的同时也在贬低自己的尊严。

当前，学校、教师和家长有一个比追求分数更为紧迫的任务，那就是多研究、了解学生。教师和家长对学生的认识不能仅停留于学生的言行举止，而是要走进学生心灵深处，了解他们的真实需求，切实帮助他们走出成长中的迷茫、困顿甚至至暗时刻，让他们不论在学校里还是在家里，都能受到尊重，都能活得有尊严。

（原文发表于《中小学管理》2024 年第 4 期，收录时有改动）

研究学生：学校发展的基石

　　校长和教师为什么要研究学生？因为研究学生很重要，但目前对学生的研究还很不够。社会变革使我国的家庭结构和中小学生的群体特征发生了很大的变化，而社会发展又对学生发展和教育工作提出了更高的要求。要应对这些新变化、新要求，教育工作者就要比过去更多地关注学生，研究新情况，解决新问题。

　　本文从为什么要研究学生、研究学生什么、怎样研究学生三方面简单谈谈我的看法。

为什么要研究学生

　　教育是人的再生产的基本手段。教育的直接目的是培养人，促进人的全面发展。深入研究学生、全面了解学生，是促进学生全面发展的基本前提，是教育内涵发展和科学发展的根本要求。

　　简单地讲，只有深入研究学生，才能全面了解学生，才能有的放矢，做好教育工作。研究学生不是为研究而研究，而是为了更深入地了解他们。教育的高度取决于教育者对教育对象了解的深度，这是古往今来被反复证明的真理。孔子对学生的教育卓有成效，与他很了解自己的学生息息相关。现在的很多研究也表明：研究学生、了解学生是优秀教师群体（特别是特级教师群体）的一个关键特征和重要特点。

我们并不是说校长和教师过去没有研究学生，任何一位校长或者教师多多少少都在研究学生并了解了学生的一些情况。但是，校长之间、教师之间在研究学生方面存在很大的差异，水平参差不齐。从总体来看，校长、教师对研究学生之重要性的认识需要提高，研究能力需要提升。

在学校工作中，研究学生的重要性具体表现在以下几点。

第一，研究学生是做好学校管理工作的基础。校长管理学校，首先应该以正确的教育思想和学校发展观为基准确定正确的办学方向。科学发展观最根本的要求是以人为本、促进人的全面发展。管理是手段，管理的最终目的是实施素质教育、促进学生的发展。判断校长学校管理效能的高低，最终要看其管理工作对学生发展的促进作用的大小。

现代学校管理必须以学生为本。研究学生是以学生为本的起点和基点。我一直呼吁校长要走进课堂，引领学校的教学改革。实际上，校长只是走进课堂还不够，还应该进一步走进孩子的内心深处。现代学校管理不能"目中无人"，特别是不能"目中无学生"。从现状看，我国中小学校长对学生的关注程度和研究投入还远远不能适应学校内涵发展的客观要求，这种状况亟待改变。研究学生并不是教师（特别是班主任）的专利，校长也应该研究学生，而且应该从更宏观、更深刻、更长远的视角研究学生。

第二，研究学生是推进课程改革和课堂教学改革的要求。教师备课既要"备教材"又要"备学生"。新课改后，教材变了，教师与学生的互动方式也变了，课堂教学和学生的学习呈现出一些不同于过去的新特点，出现了一些新情况、新问题。要解决这些新问题，在继承传统课堂教学优良传统的基础上切实提高新课改后的课堂教学质量，就要求每个教师必须研究学生，以新的方式"备学生"。

第三，研究学生是加强教师队伍建设、促进教师专业发展的需要。时下各级教育行政部门和各类学校都非常重视教师队伍建设和教师专业发展，但部分工作成效并不显著。新课改以后，教师们的负担更重了，教师的职业倦怠问题也很严重。笔者认为，教师研究学生是加强教师队伍建设、促进教师专业发展、解决职业倦怠问题、提高教师工作满意度的最佳途径，投入少，见效快。我们在调查和研究中发现，充分了解学生不仅是教师提高教学专业素养的关键环节，而且更加重要的是，对学生研究越多，教师对学生就越有感情，其责任感就越强（经常家访的教师对学生和学生家庭了解更多，也更负责任），其教育方式和教学方式就越丰富多样；其角色就越远离机械重复的"教书匠"，就越不容易出现职业倦怠；其工作满意度就越高。研究学生增加了教师职业的内容丰富性和内在吸引力，使教师的职业生涯充满活力和魅力！

研究学生什么

研究的内容取决于学校教育的目标。质量和公平是当前学校教育应该关注的两个关键词。质量意味着学生的全面发展，公平意味着面向全体学生（平等对待每一个学生，促进校内公平）。通俗地讲，这个目标就是以学生为本的"两全"（全面发展和面向全体）。"两全"的现状如何？有什么问题？采取什么措施可以解决问题？具体而言，包括以下三个方面。

第一，研究学生的生存状况和发展情况。学生的身体是否健康？饮食和睡眠情况如何？情感、态度、价值观是否积极向上？知识掌握是否扎实？创新能力与实践能力如何？学习方法是否科学？学习习惯是否良好？学习兴趣是否浓厚？学生的家庭背景如何？家长对学生各方面的发展有哪些积极影响和消极影响？等等。

对学生发展的各个维度要进行全面细致的研究，不能只研究学生的考试分数。要探明学生发展各个维度存在的问题到底是什么，有什么具体表现，这是下一步改进学校工作的前提。粗放式的研究不会带来高水平的改进。

第二，研究校内公平的现状。关注弱势学生的发展状况，重点关注家庭困难学生、单亲家庭学生、残疾学生、学习困难学生的情况，看看学校和教师是否只重点关注"好学生"，是否在资源配置上有不公平现象，校长和教师是否"心照不宣"地放弃了一些升学无望的所谓"差生"。

第三，研究影响学生发展的因素和解决现存问题的措施。重点关注：针对问题如何提高教育干预措施的针对性和实效性？如何在学校工作中切实兼顾效率（质量）和公平？如何切实提高教育质量，促进全体学生的全面发展？如何为学生一生的可持续发展奠定一个坚实的基础？

怎样研究学生

怎样研究学生涉及研究主体、研究方法、研究机制等问题。

第一，谁应该研究学生？学校是为学生发展服务的社会组织，在这个组织中工作的每一个人都应该从自己工作的视角出发研究学生。不只是班主任有必要深入研究学生，科任教师、校长都有必要研究学生。甚至在学校食堂（如果学校有食堂的话）做饭的师傅也有必要研究学生，研究不同年龄阶段学生的身体发育特点和营养需要，进行科学的营养配餐，促进学生身体的健康发展。

第二，主要用什么方法研究学生？教育研究的方式方法很多，行动研究的方法最适合实际工作者使用。这种研究紧密结合个人的实际工作，在具体的工作中发现问题、分析问题、解决问题。这是一种"草根化"的研究，是一种经济而讲求实效的研究。这种研究不过分追求研究过程的精致和研究结果的精确，其目的主要在于改进工作。

第三，建立什么样的研究机制？从学校管理的角度看，学校很有必要建立一些机制鼓励教师研究学生。如通过与科研机构的合作，借助专家引领，加强管理人员和教师在研究方面的能力建设，提高其研究意识和研究能力，形成一个积极研究学生并关心、爱护、尊重学生的风气和氛围，让大家在合作和研究中学会研究。再如学校可以在校内建立教师交流平台（如建立让教师展示自己研究结果的"学生发展论坛"），建立鼓励教师开展学生研究的评价机制（对于研究学生很见成效的教师，在评优、晋升中优先考虑）。学校还应为教师研究学生提供一定的物质支持，如为教师购买一些必要的图书资料（如学生心理学、发展心理学、教育心理学等方面的著作）。

（原文发表于《中小学管理》2008 年第 5 期）

五育如何并举

2019 年，中共中央、国务院《关于深化教育教学改革全面提高义务教育质量的意见》出台，要求坚持"五育"并举，全面发展素质教育。此后，中小学积极推进五育并举，其间有很多经验，也存在一些问题，区域间、学校间有较大差距。存在的问题大致包括如下几方面。

一是"单"。指"单兵独进"或者单一推进劳动教育。五育指的是德育、智育、体育、美育、劳动教育。过去政策文件讲的是前四者，2018 年全国教育大会提出德智体美劳全面发展的理念后，劳动教育成为热点，全国上下大力推进劳动教育。由于此前学校里德育、智育、体育、美育都有相关课程与活动安排，不少学校认为，只要再补上"劳动教育"这个短板，就算完成五育并举的任务了。这种做法实质上是"打补丁"。

二是"散"。指"割裂推进"，五育分别推进，各有一套人马、一套课程、一套流程，各自为战，五育相互之间融通协作不够。结果是既导致学校资源紧缺，又导致学校资源浪费；既大大增加了教师的负担，又大大增加了学生的负担。

三是"浅"。指"表层推进"，就五育谈五育，只是停留在就事论事的手段层面，没有从上位的目标层面即从"培养什么人"的层面推进五育并举。认为课程与活动就是一切，至于为什么设置这些课程与活动，以及效果如何，则思考得不深不透。五育只是手段，学生发展才是目标。离开目标谈手段，手段就是盲目的。

四是"累"。指"疲劳推进"。军令如山，再加上考试评价这个"指挥棒"在后强力督战，体育、美育、劳动教育进入高利害性的考试与评价中。考试科目越来越多，评价内容越来越繁杂，致使学生、教师和家长谁都不敢掉以轻心，所有这些最后都要有时间去做，都要落到师生尤其是学生身上，要想"不累"也很难。

当前，在中小学推进五育并举需要解决上述问题，核心理念是顶层设计、融通推进，从教育目标、教育内容、教育方法等方面系统构建推进策略。

第一，从更为上位的教育目标层面对五育并举进行顶层设计。在强调"全面发展"的同时，突出核心素养的培育，明确学生要"重点发展"哪些素养。五育作为手段，其目标很清楚，就是促进学生的全面发展。但是只提全面发展是不够的，因为全面发展的内容非常宽泛，五育中的任何一育都可以占用大量的时间，而师生的时间是有限的。在学校、师生负担都很重的情况下，必须进一步明确德智体美劳五个维度中，每一个维度的重点是什么，例如德的重点是什么、智的重点是什么。在智育中，记忆能力、考试技能、批判性思维、创新能力等哪几个是重点。

五育并举需要更为上位的思考，即先解决培养什么人的问题，尤其是要解决 21 世纪的今天，人要具备什么核心素养或者关键能力的问题。综合国内外关于核心素养的主要观点，我们可以把创新能力、批判性思维、公民素养、交流与合作能力、自我发展能力、信息素养等作为核心素养的优先选项。目标是统率过程、手段和活动的。核心素养是全面发展中的重点内容，为全面发展"划了重点"。五育并举要与核心素养精准对接，围绕核心素养确定五育的内容范围，这样五育并举就有了明确的、重点突出的目标，就不至于沦为漫无边际地"摊大饼"。当前，五育并举"摊大饼"的现象比较突出，亟待简约化处理。

五育的评价也要体现核心素养导向，否则也会导致评价的泛化与滥用。美育受忽视就考美育，体育受忽视就考体育，强调什么就考什么、评什么，有些头痛医头、脚痛医脚的意味，往往治标不治本，还会大大加重学生的学习负担。

第二，在教育教学内容方面，五育并举的关键措施是要在内容上瘦身，要点有二：（1）在纵向上，根据上位的教育目标尤其是核心素养确定五育的内容范围，比如把德育的重点确定为提升公民素养、交流与合作能力、自我发展能力，把智育的重点确定为培养创新能力、批判性思维、信息素养，把体育的重点确定为培养健美体魄与合作能力（群体性的体育活动如篮球、足球和排球尤其有助于培养合作能力），把美育的重点确定为培养创新能力（创意）、交流与合作能力（艺术表达），把劳动教育的重点确定为培养学生开展创造性、合作性劳动的能力（充分体现 21 世纪劳动的特点），并据此确定五育的重点内容。这样，以上位的教育目标向下统率五育的内容，使五育有明确的重点，就可以使得五育内容大大瘦身。（2）在横向上，加强五育的融通与协作，这也是五育内容瘦身的关键之举。五育不是相互割裂的，而是相互融通的。例如智育中文学作品（如唐诗宋词）的学习，不仅包含了知识的学习，也包含着德育与美育因素。劳动教育更是对于其他四育皆有促进作用。

第三，通过教育教学方法的转变，多快好省地促进五育并举。五育并举的关键在常态课堂，要点在教师的教学方式。例如某学科教师在常态课堂上的主要任务是传授知识、培养能力，此为智育；这位教师在课堂上对学生和蔼可亲、循循善诱，师生关系民主平等，此为德育；这位教师着装得体，语言优美，举止优雅，让学生如沐春风，此为美育；这位教师对待工作兢兢业业，一丝不苟，此为劳动教育（在劳动态度方面对学生行不言之教）。五育并举的最佳路径可能不是教育教学内容的不断增加，而是教育教学方法的恰当使用，尤其是教师率先垂范的不言之教。

推进五育并举，要用巧劲，不能用力过猛，要给师生留白，要给师生减负。

（原文发表于《中小学管理》2021 年第 6 期）

教育之美：以"美的教育"培育"美的人"

教育以育人为本，因此，教育美不美，教育自身说了不算，取决于教育所培养的人美不美。教育之美与人之美紧密关联，而且只有美的教育才能培育出美的人。此处，"美的人"不是一般所言的"美人"，"美的教育"也不局限于"美育"，它们都有更为宽广的含义。什么是美的人？什么是美的教育？讨论这两个问题首先必须回答什么是美，否则从逻辑上就无法讨论人之美与教育之美。

讨论教育之美的逻辑切入点：什么是美？

什么是美？美的本质是什么？众说纷纭。本文无力也无意厘清，只是从最朴素的视角讨论这个问题。

其一，美是通过感官去感受的，美学的英文词"Aesthetic"从词源上讲，也被称为"感性学"，因此，不能脱离感性去谈论美，包括人之美与教育之美。感受美，主要是通过视觉与听觉，看春花秋月、亭台楼阁，听百鸟歌唱、乐曲悠扬。当然，还可以通过嗅觉感受花香扑鼻，通过触觉感受丝般柔顺，通过味觉感受所谓美食佳酿等，但是，对于美的感受主要还是通过看与听。

其二，不论是自然美、现实美还是艺术美，在众多的美的现象中，可以抽象出一些美的特征，如和谐、对称、平衡、精致、深邃、辽阔等。这些方面，除感官残疾者外，绝大多数人用眼睛与耳朵都可以感受到、捕捉到。

其三，美有多种类别，优美与壮美（崇高）是两种主要形式。优美呈现为小巧、细润、柔和、婉转、流畅、光洁、明艳、秀丽、雅致，符合和谐统一的形式美的规则，狭义的美主要指这一类，所谓"小的是美好的"这个美学命题就指此类美。优美作为一类审美范畴，典型地、直接地体现着美的本质。广义的美则包括壮美，壮美呈现为巨大、深邃、粗粝、辽阔、苍茫、凝重、浑厚，打破了和谐统一的形式美的规则，康德甚至称之为"无形式"。① 就绘画而言，优美可以用工笔绘就，而壮美则很难，往往需用"大写意"才能为之。

其四，人对于美的感受是自由的、直接的、无功利的、愉悦的，以致有人说，"凡是一眼见到就使人愉快的才叫作美"②。当人看到春花秋月、俊俏佳人，听到夜莺歌唱、悠扬乐曲，就直接感受到美，就会自然产生内心的愉悦。这种感受，没有外在的强迫，没有内在费时费力的算计，是无目的无功利的愉悦感。在感受美的时候，人会忘我。但是，优美与壮美带来的愉悦有区别。由于优美在人的认识与能力的掌控之内，因此优美感是一种单纯的愉悦，人感受到的是平和、优雅、宁静、温馨、静好。而壮美则远超出人的认识与能力的掌控，如钱塘江潮所带来的感受，先是给人以不安、惊异的痛感，紧接着又给人以更大的舒畅、高昂的快感。壮美感是一种复杂的愉悦，是经历恐惧与好奇、自卑与自豪等冲突之后的愉悦。

① 翟洪涛. 崇高与优美不同之比较 [J]. 学术交流，2003（8）：163-165.
② 朱光潜. 西方美学史：上卷 [M]. 2版. 北京：人民文学出版社，1979：131.

因此，美有特定的内涵，不能把美过于泛化，把好的等同于美的。真的、善的也都是好的，尽管与美有联系，但毕竟不同，否则就没有必要将真善美分开表述。讨论人之美与教育之美，必须从"感性"出发，不能用理性（真）和德性（善）去替代感性、替代美。如果这样，就没有美了。学术界和实践领域都存在以真善替代美的情形。例如有一种主张认为美是合规律性与合目的性的统一，合规律性就是"真"，合目的性就是"善"，而美就是掌握真以实现善。① 有学者不同意这种看法，认为这是在用真、善来取代美。② 本文认同后者的看法。当然，美与真、美与善都有联系，但不可混同。而且，讨论真与善的美，即讨论理性之美、德性之美，也需要有美的视角与尺度，要对真和善、对理性与德性，进行审美化的审视与处理。

教育之美的归宿：培育"人之美"

什么是人之美？或者问，什么是"美的人"？人由身心构成。身即身体，对应于感性，即人有着与其他动物类似的视觉、听觉、触觉、嗅觉、味觉等；心即精神，精神又包括智力因素与非智力因素，对应于理性（思维）与德性（情感态度价值观）。人和动物与非生命不同、与有生命的植物不同，都会自由运动。人与动物不同，会思维并具有社会性。因此，人之美，不同于非生物的日月星辰之美，不同于有生命的植物、动物之美。我们可以从以下几个方面描述人之美。

第一，身体之美。在漫长的人类思想史中，身体和感性长期被贬低甚至被压制，认为精神高于身体，理性和德性高于感性；身体

---

① 鞠玉翠."立美教育"再探 [J]. 教育研究，2018（9）：59-65.

② 褚崴. 论善和善与美的关系：兼评"美是合目的性与合规律性的统一" [J]. 广东社会科学，1995（4）：69-73.

是肉身，与动物一样，有食色欲望，是低俗的；感性是散乱的、初级的，远不如理性精致有条理，远不如德性高贵有境界。这些认识贬低了身体对于人的本体论意义和美学价值。

"身体美学"则高扬身体的美学意义。身体美学认为，身体不仅是感性的，而且是最感性的。作为感性学的美学，必须把身体作为首要的主题。身体美是自然美的顶峰，是社会美的载体，是艺术美尤其是造型艺术和表演艺术美的中心。①

身体之美可以列举为以下几点。（1）健康美。凡是生命体，不论植物、动物还是人，充满生命力、具有生命活力都是美的。草木郁郁葱葱、鲜花盛开怒放、骏马驰骋草原、运动员奋力拼搏，都是健康与生命力的体现。健康美无关胖瘦，不论胖瘦，健康为要。（2）形体美。形体美比健康更进一层，更强调四肢匀称、全身比例协调等方面，体操运动员、花样滑冰运动员、舞蹈演员等是典范。人们常说的健美是健康美与形体美的结合。（3）容貌美。容貌美是衡量一个人长得美不美的主要尺度，体现在五官的立体化呈现，即五官的大小、远近、高低的比例关系方面。明眸皓齿、和颜悦色，也是容貌美的体现。（4）衣着美。衣着之美涉及服饰的合体、色彩、搭配等。（5）语音美。"音容笑貌"中的"音"与"笑"，关涉语音美。语音美表现为发音清晰、音色清澈、音调抑扬顿挫等方面，富有磁性的语音、柔和的语音、押韵的语音都有美感。（6）风度美。它是上述几种美的综合表达，所谓风度翩翩便包含了健康活力、音容笑貌、衣着举止等诸多元素的美。绅士、淑女都是风度美的集中体现，当然其中也包含了诸多社会性的内容，不是生物性的身体之美所能涵盖的。

动物与人的身体、生命，都是以欲望为原初动力的。人的欲望中，食欲与性欲是维持身体生命并再生产下一代身体生命的原

---

① 彭富春. 身体与身体美学［J］. 哲学研究，2004（4）：59-66，95.

生驱动力。人身体的活动，是被这两种欲望所推动的。在现代社会，两种欲望的满足早就走出了自然状态，而进入了文化或人化状态，"饮食由充饥到美食甚至成为礼仪性的宴会，性欲由生殖到色欲再到生死般的爱情等"，人身体的本能已经审美化了。爱情之美，不是体现在繁衍后代的生殖，也不是体现在纯粹的肉体感官愉悦，而是体现在双方情感的和谐融合，唯有爱情才是性的最高升华。①

在讨论人之美时，不能遗忘身体，身体美和外在美与心灵美（精神美）、内在美同样重要。强调身体与身体之美，是为了强调身体、感性的自由与解放，自由与解放反对禁欲，但也反对纵欲，是禁欲与纵欲的平衡状态。现实中的教育非常强调对于学生精神如知识、能力、品德的培育，但是对学生的"身体之美"关注严重不足，这种状况亟待改进。

第二，理性之美。人类与动物不同，具有理性，人的理性和理性之美是其他动物所不具备的。理性是自由的，不论身体处于何处，人的思维与思想都可以超越空间的局限性，在精神世界自由翱翔。通俗而言，人能思维、有思想，"我思故我在"，强调的就是人的理性特征；用学术语言表达，理性是指人具有认知能力，人的认知能力的最高体现是问题解决能力与创新能力。批判性思维是人的理性精神、科学精神的集中体现，是布卢姆认知领域中三种高级认知能力的集中表达，是发现、分析、解决问题的素养，是高级思维素养。

具有理性之美的人是什么样的人？简言之，是一个"求真的人"。具体言之：（1）不迷信宗教的或世俗的权威，不弄虚作假；（2）提出任何观点都基于证据和数据，不主观臆断；（3）思维过程不论是归纳还是演绎推理，都逻辑严密。

---

① 彭富春. 身体与身体美学 [J]. 哲学研究，2004（4）：59-66，95.

如果进一步聚焦于理性之"美"，可以说，理性之美在于理性的多个要素都获得均衡发展、协调发展，在于理性的高层次能力尤其是创新能力得到长足发展，而不是只侧重于低层级的记忆能力。当前我国学生存在的一个突出问题是认知能力的发展不均衡，过于强化机械记忆，高级思维能力与创新能力发展严重不足。

第三，德性之美。有生命力的身体、无拘无束的理性都追求自由，都体现了人的主体性，即积极性、主动性、创造性。由于资源稀缺，人会运用自己的体力与智力去获取维系生命、促进发展所需要的资源，利益冲突在所难免。道德是用来定分止争、调整社会关系尤其是调整利益关系的。德性之美表现在"己所不欲，勿施于人"，有同情心、同理心，能换位思考，使自己与他人、与社会的关系处于和谐状态，使自己的自由与责任处于平衡状态，而不是处于失衡甚至冲突状态。

德性之美的反面是利益关系的失衡，是自私自利，是精致的利己主义，甚至极端的个人主义，为达到个人目的不择手段。社会上所有的败德行为包括腐败行为，都是对德性之美的亵渎。德性之美体现的"向善"，不仅强调自己的自由，而且强调别人也应该有同样平等的自由，亦即把自由与平等的关系处理好、把利己与利他的关系处理好。通俗而言，就是不仅想到自己还要想到别人。一些重要的价值观如民主、平等、自由、公平、法治、诚信、友爱等等，都是处理利益关系的价值准则，是个人应该具备的现代伦理观与价值观。

德性之美，美在和谐，指个人能处理好各种利益冲突与价值冲突，自己与他人不冲突，自己与自己也不冲突，都处于平和状态。

一个不容回避的问题是，此处所讨论的理性之美与德性之美，是不是以真、善取代美？显然不是，因为此处讨论的不是理性与德性，而是理性之美与德性之美，是从美的视角、用美的尺度与标准去看待理性与德性的。从美的视角与尺度看，人之美，首先在于构成人的几个要素的和谐之美，即身体、理性、德性三者的和谐之美，三者全面发展、均衡发展就是美的；其次在于三者各自内部诸多要素的和谐之美。因此，人之美，不仅在于构成要素的静态和谐，还在于要素间的动态互惠。

通俗而言，一个"美的人"是这样的：身体健美，和颜悦色，衣着得体，语音悦耳且抑扬顿挫，举止优雅风度翩翩；说话写作有理有据，思路清晰，思维敏捷，创新性强，有思想有见地，不盲从权威；为人处世有情有义，心地善良，与人为善，乐于助人，有责任感，崇尚自由但不妨害他人的自由，信奉并坚守民主、平等、法治等现代理念。

这是理想化的一种描述，但这种描述并不是乌托邦，历史上已经出现过不少这样的人，现实中也有这样的人，而且世界上有许多学校已经培养出许多这样的人。尤为重要的，我们心目中也有一些这样的人，对于这些人，一眼看到，我们的好感就油然而生，一眼见到就使人愉快，"凡是一眼见到就使人愉快的才叫作美"。这里所看到的、听到的并不只是身体的感性美，也有从其言行举止中看到的理性与德性之美。这些人就是我们心目中的"美的人"，尽管有时候对于美的人的标准，我们自己也未必清晰地认识到，未必能说得出。

但是，我们也要看到，还有不少人不是或者还没有成为这样的人。有的人容貌靓丽，但是思维孱弱且自私自利，使得其徒有其表，总体反而更不美；有的人求真向善，勤勤恳恳，但不懂生活，对身体之美如健康美、形体美、衣着美、风度美等根本没有意识更谈不上追求，总体上"人之美"也不圆满；有的人一心扑在工作上，过度劳累，严重损害身心健康，以致疾病缠身甚至英年早逝，更是走向了身体之美的反面。这样的人生都谈不上"美丽人生"。"美的人"是身心和谐的、全面发展的、自由发展的人，而不是片面发展的、被异化的人；其美是全面的美，不是片面的美。

　　培育人之美，培育出"美的人"，不仅是教育的责任，也是全社会的责任。促进人的自由而全面的发展，成"人之美"，正是现代教育和现代社会的最重要使命。

以"教育之美"培育"人之美"

　　讲清了前面两个问题即"什么是美"及"什么是人之美"，"什么是教育之美"的答案就水到渠成了。简言之，能培育出人之美的教育，就体现了教育之美，就是美的教育。

　　第一，在教育目标上，教育之美在总体上表现为，教育要促进人的身体之美、理性之美、德性之美的全面发展与和谐发展。三个维度都很重要，相互支撑，缺一不可，尤其要重视长期以来很受忽视的身体之美的培育。

　　第二，在课程内容上，要根据前面所言"人之美"的各项细目，精准设计课程内容。例如要培育健康美、形体美，就需要开设各种体育课程包括健美操与形体塑造课程，并教育学生合理饮食、充分睡眠、适度锻炼，要为农村贫困学生提供午餐补助，有食堂的学校要为所有学生提供营养均衡且丰富的饮食；要培育学生的容貌美、衣着美、语音美、风度美，就要在适当年级开设服饰搭配、发音训练、礼仪教育等课程内容；要培养学生的理性之美，就要加强各科教学对思维能力的培养；要培养学生的德性之美，就需要加强人道、自由、民主、平等、法治等现代价值观培育的课程内容。当前的课程内容需要进行结构化的调整，应该与培育人之美、让学生将来有美丽人生更好地对接。

　　第三，在教学方式上，要重视实践教学、自主学习、合作学习等方式的运用，并加强教师示范引领作用的发挥。美的教育并不是让学生会背诵美的概念，也不只是认识美、欣赏美，更重要的是创造美。创造美并不神秘，是一种日常可为的实践活动，如改进衣着搭配就是美的实践活动。学校要多提供实践教学的场景与机会，让学生通过自主与合作的方式学会美化自己的外表与精神，并在多样化的场景中尤其是在合作解决问题的过程中，学会思维、学会合作，提升身体之美、理性之美、德性之美的水平并促进它们的和谐发展。在各科教学中，要改变过于偏重知识机械记忆、题海战术等的陈旧的教学方式，通过探究式、参与式、讨论式教学，通过项目化学习、基于问题解决的学习、STEM 或 STEAM 跨学科学习，着力提升学生的问题解决能力，培育学生的理性之美。

教师的示范引领也非常重要，教师是否健美、衣着是否得体、说话是否有礼貌、举止是否有风度、思维是否敏捷、对待学生态度是否民主平等，这些不言之教，对于学生有潜移默化的巨大影响。要培养"美的学生"，教师首先要美，要成为"美的人"。

此外，学校的环境美也属于教育之美的构成部分，对于培育人之美也能发挥重要作用。

上面是从培育人之美需要什么样的教育的角度去看待教育之美，实际上是目的论甚至工具论的视角，这个视角体现了教育实践活动针对美的目标的"合目的性"。此外，还需要从美的尺度与标准去阐述教育之美，或者说教育的内在美，主要表现为：(1) 教育目标、内容、方法、评价、管理、保障等要素的关系和谐与系统优化；(2) 教育体现社会发展的要求，与社会的关系处于和谐均衡的状态，实现良性互动互惠；(3) 教育尊重学生的年龄特征，不超越身体心理发展阶段提出过高的要求，教育与学生的身心状况处于和谐状态。

当前，人们对于学校教育的看法过于功利，甚至过于急功近利，即便是艺术教育，也与中高考加分或单独招生挂钩，与分数、升学无关的东西似乎都没有价值。而美恰恰是无功利的愉悦，因此，美、美的人、美的教育在教育中甚至在社会中都没有取得应有的地位。以教育之美培育人之美，是建设美丽中国的组成部分，也是对冲教育功利性、社会功利性，提升教育品质，走向美丽人生与美好生活的必要手段。以美提升教育境界、人生境界、生活质量，是我国当前教育的重要使命与紧迫任务。

（原文发表于《中小学管理》2022 年第 3 期）

第 二 编

以核心素养应对 21 世纪挑战

核心素养是"关键素养",不是"全面素养";要反映"个体需求",更要反映"社会需要";是"高级素养",不是"低级素养",甚至也不是"基础素养";要反映"全球化"的要求,更要体现"本土性"的要求。

核心素养十年路：
持续引领基础教育质量提升

　　基础教育在我国整个教育体系中处于基础地位，其质量状况直接影响高等教育和职业教育的质量。群众对基础教育的需求已经从"有学上"转向"上好学"，基础教育已经走向以提升质量为主导的新发展阶段。基础教育质量的提升，突出表现在学生核心素养的发展水平上。

　　核心素养是应对 21 世纪挑战的素养，也称为 21 世纪素养。21 世纪是知识经济、全球化、信息化的时代，科技创新加速，国际竞争加剧。在此背景下，国际组织与许多国家或地区相继提出核心素养框架，掀起了世界范围内的核心素养热潮，这实质上是教育质量的升级运动，是国际教育竞争的集中体现。经济合作与发展组织 2003 年发布研究报告《核心素养促进成功的生活和健全的社会》，欧盟 2006 年通过建议案《以核心素养促进终身学习》、2010 年发布研究报告《面向变化中的世界的核心素养》，新西兰 2005 年、法国 2006 年、美国 2007 年、新加坡 2010 年、日本 2013 年分别提出了本国的核心素养框架。

　　我国积极应对 21 世纪挑战和国际教育竞争，从 2013 年起全面开启学生核心素养培育的学术研究、实践探索与政策制定等工作，这是适应世界教育改革发展趋势、提升我国教育国际竞争力的主动作为。2013 年 1 月，我国第一篇关于学生核心素养的学术论文《我国义务教育阶段学生核心素养模型的构建》发表，9 月教育部哲学社会科学研究重大课题委托项目"我国基础教育阶段和高等教育阶段学生核心素养模型研究"立项。从那时起，我国掀起了核心素养的研究热潮，至今不衰，为政策制定和实践推进提供了强有力的智力支持。同年，教育部启动普通高中课程方案和课程标准的修订工作，要求把核心素养落实到每一门学科中，提炼出每一门学科的"学科核心素养"。

因此，可以把 2013 年视为我国教育领域的"核心素养元年"。从 2013 年至今，已近十年。近十年来，我国基础教育立足国情，面向世界，以核心素养为导向，质量得到不断提升。

在对核心素养进行理论研究、比较研究的基础上，2014 年教育部《关于全面深化课程改革落实立德树人根本任务的意见》颁布，这是我国第一个明确提出"核心素养"概念的官方政策文件。文件的主题就是在中小学和高校中培育学生的核心素养。文件要求研究制订学生发展核心素养体系和学业质量标准，明确学生应具备的适应终身发展和社会发展需要的必备品格和关键能力，把核心素养和学业质量要求落实到各学科教学中，并要求依据学生发展核心素养体系，进一步明确各学段、各学科具体的育人目标和任务，完善高校和中小学课程教学有关标准。这个文件没有涉及学前教育、职业教育、继续教育，但是对各级各类教育的核心素养研究和实践都起到了推动作用，其中影响最大的是基础教育。

2016 年，中国学生发展核心素养研究成果发布，公布了《中国学生发展核心素养》总体框架，把学生核心素养划分为 6 个方面、18 个要点，并把学生核心素养界定为"学生应具备的，能够适应终身发展和社会发展需要的必备品格和关键能力"，这个界定延续了教育部《关于全面深化课程改革落实立德树人根本任务的意见》中的表述。需要注意的是,《中国学生发展核心素养》总体框架不是教育部颁布的正式文件,只是北京师范大学的一项科研成果,但是该框架发布时有教育部人员在场,的确代表了官方尤其是教育部的意志,可以将其视为"准官方文件"。正因如此,该框架颁布后对基础教育影响很大。

2017 年 9 月,中共中央办公厅、国务院办公厅印发《关于深化教育体制机制改革的意见》,明确要求在培养学生基础知识和基本技能的过程中,强化支撑终身发展、适应时代要求的关键能力的培养,并进一步指出要培养四种关键能力,即认知能力、合作能力、创新能力、职业能力。该文件把基础素养(基本知识和基本技能)与核心素养做了区分,其对核心素养或关键能力的表述,比《中国学生发展核心素养》的表述更为聚焦,尤其突出了创新能力与合作能力这两大"超级素养",是我国教育政策文本中对核心素养最简明扼要、最切中要害的表述。2017 年底,教育部发布《义务教育学校管理标准》,要求义务教育要强化学生认知、合作、创新等关键能力培养,这种要求是对《关于深化教育体制机制改革的意见》文件精神的落实。需要注意的是,这两个文件出台后,由于文件中的用词是"关键能力"而不是"核心素养",有人认为官方不提核心素养了,所以核心素养过时了。这种看法是错误的,因为核心素养是舶来品,核心素养的英文词是"key competencies"或"key competences",可以译为"核心素养",也可以译为"关键能力",二者是完全一样的。

2017 年底,普通高中新课程方案和课程标准发布。此次修订工作于 2013 年启动,历时四年完成。高中新课程方案和新课标要求着力发展学生的核心素养,并提出了"学科核心素养"的概念。每个学科都凝练出了各自的学科核心素养。此次修订对随后开展的义务教育课程方案和课程标准的修订产生了直接影响,为后者提供了知识准备、人力储备以及经验借鉴。

2019 年 2 月，中共中央、国务院印发《中国教育现代化2035》，要求发展中国特色世界先进水平的优质教育，要求"制定覆盖全学段、体现世界先进水平、符合不同层次类型教育特点的教育质量标准，明确学生发展核心素养要求"，强调要"围绕学生发展加强核心素养培养，科学规划大中小学课程"。这个最高层级的纲领性政策文件为其后核心素养导向的课程与教学改革确定了方向，而且此文件尤为强调创新能力的培养，使用了创新精神、创新能力、创新思维、创新创业能力四种表述。

2019 年 6 月，中共中央、国务院《关于深化教育教学改革全面提高义务教育质量的意见》发布，要求坚持立德树人，着力培养担当民族复兴大任的时代新人，提出要坚持"五育"并举，全面发展素质教育。2020 年 10 月，中共中央、国务院印发《深化新时代教育评价改革总体方案》，要求用好评价指挥棒，扭转不科学的教育评价导向，坚决克服唯分数、唯升学顽瘴痼疾，坚决纠正片面追求升学率倾向。为促进义务教育内涵发展和质量提升，同时落实这两个文件，2021 年 3 月教育部等六部门印发《义务教育质量评价指南》，强调培养学生正确价值观、必备品格和关键能力，要求坚持问题导向，着力克服"唯分数、唯升学"倾向，促进形成良好教育生态。义务教育质量评价包括县域、学校、学生三个层面，三者紧紧围绕贯彻党的教育方针，以促进学生全面发展为目标，各有侧重、相互衔接、内在统一，构成完整的义务教育质量评价体系。需要注意的是，尽管前两个中央文件都没有提到核心素养或关键能力，但是教育部等六部门印发的《义务教育质量评价指南》是专为落实这两个中央文件而制定的，把立德树人、"五育"并举、培养时代新人等，最后都落实到培养学生正确价值观、必备品格和关键能力中。

2019 年 6 月，国务院办公厅《关于新时代推进普通高中育人方式改革的指导意见》下发，要求深化课堂教学改革，"促进学生系统掌握各学科基础知识、基本技能、基本方法，培养适应终身发展和社会发展需要的正确价值观念、必备品格和关键能力"，亦即把学生基础素养与核心素养的培育结合起来。

2021 年 7 月，中共中央办公厅、国务院办公厅印发《关于进一步减轻义务教育阶段学生作业负担和校外培训负担的意见》，要求坚持学生为本，着眼学生身心健康成长，保障学生休息权利，整体提升学校教育教学质量。该文件在全国掀起了"双减"风暴，但"双减"只是手段，不是目的，目的是"双升"，即该文件所提出的工作目标"学校教育教学质量和服务水平进一步提升"，最后要落实到学生的培养质量特别是学生核心素养的发展水平上。

2022 年 4 月，修订后的义务教育课程方案和课程标准发布。此次修订工作历时三年完成。义务教育新课程方案和新课标要求着力发展学生核心素养，坚持与时俱进，反映经济社会发展新变化、科学技术进步新成果，更新课程内容，体现课程时代性。新课标的"核心素养导向"非常鲜明，体现在几个方面：一是根据核心素养要求，确定各门课程的具体目标，体现正确价值观、必备品格和关键能力的培养要求；二是基于核心素养要求，精选、设计课程内容，优化课程内容结构；三是依据核心素养发展水平，研制了学业质量标准，并对考试评价改革提出了相应要求。笔者全程参与了修订工作，专家们讨论最多、修订工作耗时最多的就是如何把核心素养落实到每一门课程之中，三年的修订工作都是紧紧围绕落实核心素养展开的。

课程是教育目标和教育内容的主要载体，是学校教育教学活动的基本依据，直接影响学生培养质量。可以说，义务教育新课程方案和课程标准，充分吸收了近十年来上述所有教育政策文件的精神与精华，以及学术界关于核心素养的研究成果，尤其是把核心素养的目标要求深化细化落实到每一门课程的内容结构、教学方法、学习方式、考试评价方式中去，是当前培育学生核心素养、提升义务教育质量的最佳工具和最好抓手。义务教育新的课程方案和课程标准将在 2022 年秋季开始执行，期待在各方共同努力下，把我国义务教育质量提升到一个新的高度。

综上可见，经过近十年的努力，我国已经全面建立起"核心素养导向"的教育质量提升的政策体系与标准体系，这为教育教学实践的开展提供了强有力的指导与支持；我国基础教育学校的干部和教师在培育学生核心素养、提升基础教育质量方面进行了大量的实践探索，2014 年、2018 年以及 2022 年的基础教育教学成果奖获奖成果就是这些实践探索的集中体现；科研院所的教育研究人员积极开展政策研究和实践研究，提供了强大的智力支持。过去十年，基础教育质量提升工作成果丰硕，是教育行政人员、教育实际工作者、教育理论工作者协同攻坚的结果。以过去十年为基础，我们相信，未来十年我国基础教育质量将会更上一层楼。

（原文发表于《中小学管理》2022 年第 7 期）

核心素养的概念与本质

　　近几年来，在教育实践领域和教育研究领域，"核心素养"成为非常时髦的一个热词，谈论教育问题时如果不涉及核心素养，似乎有落后之嫌。但是对于核心素养这一概念的内涵外延，看法并不相同，聚讼纷纭，莫衷一是。滥用、泛用该词的现象比比皆是，随意性很强，乱象迭出。对此概念进行梳理，正本清源，拨乱反正，很有必要。

　　"核心素养"这个概念舶来于西方，英文词是"key competencies"。"key"在英语中有"关键的""必不可少的"等含义。"competencies"也可以直译为"能力"，但从它所包含的内容看，译成"素养"更为恰当。简言之，"核心素养"就是"关键素养"。

　　"核心素养"最早出现在经济合作与发展组织和欧盟理事会的研究报告中。经济合作与发展组织 1997 年启动了"素养的界定与遴选：理论和概念基础"（Definition and Selection of Competencies：Theoretical and Conceptual Foundations，DeSeCo）研究项目，此时并未在项目名称中直接使用"核心素养"一词，但 2003 年发布最终研究报告《核心素养促进成功的生活和健全的社会》时，则使用了该词。为推进核心素养走进教育实践，2005 年经济合作与发展组织又发布了《核心素养的界定与遴选：行动纲要》，以增强核心素养应用于教育实践的可操作性。

欧盟的核心素养框架受到经济合作与发展组织研究项目的影响。欧盟的一个研究小组在 2002 年 3 月发布的研究报告《知识经济时代的核心素养》中首次使用了"key competencies"这一概念，并认为核心素养代表了一系列知识、技能和态度的集合，它们是可迁移的、多功能的，这些素养是每个人发展自我、融入社会及胜任工作所必需的。2006 年 12 月，欧洲议会和欧洲理事会通过了关于核心素养的建议案《以核心素养促进终身学习》，标志着 8 项核心素养最终版本的正式发布。2010 年，在欧洲理事会与欧盟委员会联合发布的报告《面向变化中的世界的核心素养》中，"key competences"一词竟然出现了 381 次，真正成为"关键词"。

在国际上，与"key competences"同样火爆的一个词是"21st century skills"，有人将之译为"21 世纪技能"或者"21 世纪能力"。从该词所包含的内容看，译为"21 世纪素养"比较合适。实际上，英文中的"competences"和"skills"，在描述人的发展的维度时，在词义上没有本质区别，没有必要为此大费口舌而耽误时间。而且在"具体"内容上，核心素养与 21 世纪素养也是大同小异。

21 世纪素养研究始于美国。2002 年美国在联邦教育部的领导下，成立了"21 世纪素养合作组织"，该组织制定了《"21 世纪素养"框架》，2007 年该组织发布了该框架的更新版本。新加坡和日本受美国影响较大，新加坡教育部 2010 年 3 月颁布了"21 世纪素养"框架，日本国立教育政策研究所于 2013 年 3 月发布了《培养适应社会变化的素质与能力的教育课程编制的基本原理》报告，提出了日本的"21 世纪能力"。

仅从字面上看，"21 世纪素养"比"核心素养"更具有时代感，更能反映社会变迁对于人的素质的新要求。本文认为，不可随意界定核心素养，根据以上分析，可以把核心素养简单界定为：为了适应 21 世纪的社会变革，人所应该具备的关键素养。简而言之，核心素养即"21 世纪关键素养"。

要理解核心素养这一概念，把握核心素养的本质，需要关注以下几点。

第一，核心素养是"关键素养"，不是"全面素养"。

有人认为，"核心素养"一词可有可无，因为核心素养只是素质教育、三维目标、全面发展、综合素质等概念的另外一种表述方式，唯一不同的是，"核心素养"的表述好像更为时髦、更有国际范儿、更能吸引眼球，但本质上是换汤不换药、新瓶装旧酒。

把核心素养等同于全面素养，显然是错误的。从词义上看，核心素养必须是"核心"的素养，核心素养之外，还应该有"非核心素养"。否则，所有的素养放在一起，就不是"核心"的素养了。核心素养不是面面俱到的素养"大杂烩"，而是全部素养清单中的"关键素养"。从此意义上讲，核心素养是素质教育、三维目标、全面发展、综合素质等中间的"关键少数"素养，是各种素养中的"优先选项"，是素质教育、三维目标、全面发展、综合素质等的"聚焦版"。

那么，如何聚焦？如何从众多素养中找到"关键的"素养？必须根据人的发展与社会发展的要求来确定核心素养。

第二，核心素养要反映"个体需求"，更要反映"社会需要"。

在以人为本的权利时代，核心素养要反映个体发展的需要，为个体过上成功的生活做准备。但是，个人的生存与发展不能脱离具体的社会环境。21 世纪对于学生素养发展的要求，与我国古代或者西方古希腊时期大相径庭。个人的核心素养应该适应、促进 21 世纪的社会变迁与社会进步。

从产生背景看，1996 年经济合作与发展组织正式提出了"知识经济"的概念，1997 年经济合作与发展组织开始发起关于核心素养的研究。显而易见，核心素养的研究是为了应对 21 世纪特别是知识经济的挑战。经济是基础，经济形态的变革会带动社会其他维度发生相应变革。伴随着两大阵营对垒的解除，伴随着WTO 的跨国界影响，伴随着信息技术革命的神速进展，世界在21 世纪进入了知识经济、全球化和信息化时代。这种变局为"三千年未有之大变局"，核心素养是对这个大变局的应对，因而具有鲜明的时代性和全球化特征。

核心素养框架的确定必须具有时代性与前瞻性。从全球范围来看，国际组织、一些国家和地区在核心素养指标的选取上都反映了经济社会发展的最新要求，强调创新与创造力、信息素养、国际视野、沟通与交流、团队合作、社会参与及社会贡献、自我规划与管理等素养，这些指标内容虽不尽相同，但都是为适应 21 世纪的挑战。

从这个意义上看，核心素养是适应个人终身发展和社会发展所需要的"关键素养"，只有具备这些素养，学生才能成功地适应社会，在自我实现的同时促进社会的发展。

第三，核心素养是"高级素养"，不是"低级素养"，甚至也不是"基础素养"。

学生生存与发展，需要多种素养。但是，面对 21 世纪的挑战，这些素养的重要性并不是平列并重的，需要有优先顺序。这些优先选项是什么呢？创新能力、信息素养、合作能力、社会责任感、交流技能等排在前列，这些素养事关个体能否更好应对 21 世纪的挑战，事关国家发展和民族振兴。我们的"应试教育"也培养了一些素养，如死记硬背（记忆）的素养、题海战术（应对考试）的素养等，在新的世界大势下，这些素养都是低级素养，没有竞争力。核心素养是高级素养，学生的发展需要这些高级素养，国家参与国际竞争需要这些高级素养。中国的国民素质和学生素质需要更新换代，中国的教育目标需要升级换代，核心素养为更新换代指明了方向。

核心素养之所以是"高级素养"，还有两个原因：（1）核心素养是跨学科的，高于学科知识；（2）核心素养是综合性的，是对于知识、能力、态度的综合与超越。

核心素养作为"关键少数"的高级素养，甚至不是基础素养。例如，身体素质对于人的生存与发展至关重要，可以视为基础素养。但因为"太基础"了，国外的核心素养框架中几乎都没有将之列入。另外，传统的"读写算"等基础素养，也未被纳入其中。

第四，核心素养要反映"全球化"的要求，更要体现"本土性"的要求。

我国的核心素养"热"，显然是受到了国外的影响。在全球化背景下，各国的学生核心素养的范围会有一定的甚至相当的共性，如对信息素养的要求；但因为国情的差异，特别是各国发展面临的关键问题不同，核心素养的厘定和培育也需要有内容差异和程度差异。就我国而言，有两个核心素养必须被大力强调。一是创新能力。中国教育最大的短板是所培养的学生创新能力不够，不能满足知识经济时代建设创新型国家的要求，不能适应国际竞争的要求。在一些地区和学校，我们的教育是在培养"会考试的人"，而不是"会创造的人"。二是民主素养。中国社会走向全面进步要求加快政治民主化进程，进而要求培养学生的民主素质。

就我国而言，在新的国内外形势下，核心素养是对素质教育、三维目标、全面发展、综合素质等的聚焦强化版和升级转型版。核心素养为教育教学改革提供了重点更突出、焦点更集中的教育目标，为转变学生学习方式、教师教学方式、政府和学校的管理方式指明了方向。

（原文发表于《华东师范大学学报（教育科学版）》2016 年第 1 期）

核心素养与国民素质

2016 年我国基础教育领域最热的词就是"核心素养"。然而，对于核心素养的内涵与外延，人们的看法并不完全一致。

"核心素养"这个概念不是中国本土率先提出的。我们已经有了全面发展、素质教育、学生综合素质、三维目标等提法，再提"核心素养"有无必要？是否洋人有了新提法，我们就要赶"洋时髦"，跟在人家后面亦步亦趋？尤其是，"素养"这个新说法与"素质"这个老说法有何区别？

我国教育界泡沫很多，赶"洋时髦"也不鲜见，造的新词也不少，许多新词在实质上并无新意，本人也特别反感这种做法。同时，我也认为核心素养与核心素质并没有本质区别，把核心素养叫作核心素质也无不可。而且，如果现在用"核心素质"一词，则可以与我们经常使用的"素质教育""学生综合素质"等话语更好地对接，争议和迷惑就会少很多。甚至把"素养""素质"通俗地叫作"本领""本事"也无不可。

但我们依然要提出核心素养，这不是为了赶"洋时髦"，不是为了走形式，的确出于内在的需要。因为即便国外没有提出核心素养，即便我们不使用核心素养这个提法，我们依然非常有必要深刻反思：在推进素质教育和深化课程改革中，面向 21 世纪，在林林总总的诸多素质中，到底哪些"关键"素质对于学生的一生发展最重要、对于促进社会发展和提升国家竞争力最为重要？

师生的生命有限，教与学的时间有限，学校资源有限，在促进学生全面发展的同时，我们的确需要突出重点素质的培养。关于核心素养，我们最该关心的不应是"素养"的叫法和译法，而应是何为"核心"。现在的讨论和争议有些走偏了。

从国际上看，提出核心素养不是搞概念游戏，而是严肃认真地应对 21 世纪知识经济、全球化、信息化的挑战。1996 年经济合作与发展组织首次使用了"知识经济"概念，1997 年发起关于核心素养的研究。欧盟的《知识经济时代的核心素养》《面向变化中的世界的核心素养》，以及美国、日本等国的相关报告等，都体现出社会变革对于新的人才观、教育质量观的呼唤。

因此，核心素养不是面面俱到的素养"大杂烩"，而是全部素养清单中的"关键素养"，我们甚至可以将其简单界定为"21 世纪关键素质"。从这个意义上讲，核心素养是素质教育、三维目标、全面发展、综合素质等中间的"关键少数"素养，是这些提法的"聚焦版"，随意滥用核心素养一词是不严肃的。

这些关键少数素养具有鲜明的时代性，只有具备这些素养，学生才能成功地适应 21 世纪发展需要，在自我实现的同时促进社会的发展。综合各类国际组织与诸多国家的看法，核心素养主要包括创新能力、问题解决能力、信息素养、国际视野、沟通与交流、团队合作、自我规划与管理等素养。其中，创新能力和问题解决能力被高度强调，充分反映了知识经济对创新的强烈要求。

可见，核心素养是"高级素养"，不是"应试教育"所培养的"低级素养"，如死记硬背（记忆）的素养、题海战术（应对考试）的素养等。核心素养甚至也不是"基础素养"，如身体素质可以被视为基础素养，但因为"太基础"了，国外的核心素养框架几乎都没有将之列入。

目前，我国教育部正在面向社会征求对于《中国学生发展核心素养》① 的意见，该文本认为学生发展核心素养综合表现为社会责任、国家认同、国际理解、人文底蕴、科学精神、审美情趣、身心健康、学会学习、实践创新 9 大素养，具体表现为 25 个素养。这里所建构的更像是学生"综合"素质或者素养，所列的素养在数量上偏多，没有充分反映"核心"素质的要旨，建议在修改完善时进一步聚焦于"关键素养"和"核心素养"。如果核心素养清单是不分轻重、面面俱到的，那么，其实质上所提出的就不是"核心素养"了。

核心素养，不是只针对学生的，也是针对全民的。核心素养在很多国家也是"最新版"的国民素质清单。这个清单，对于改造国民性也很有借鉴价值。

教育要具有人道主义精神，要对孩子好。什么才是真的好？提高学生的生命质量，发展学生的主体性即积极性、自主性和创造性，培育学生的现代性，落到最后就是培育核心素养。核心素养是 21 世纪人的现代性、主体性的具体表现，是学生根本利益和长远利益的集中体现。

（原文发表于《中小学管理》2016 年第 5 期）

---

① 《中国学生发展核心素养》于 2016 年 9 月正式颁布，正式颁布的版本与征求意见时相比有所变化。

国民核心素养清单与重点

核心素养不是面面俱到的全面素养，而是在诸多素养中居于核心地位的"关键少数"素养。一个人只有具备这些素养，才能有效应对 21 世纪的各种挑战，才能在复杂多变的社会中成功生活并促进社会发展。

在比较、概括国内外诸多核心素养清单的基础上，笔者结合我国实际，尝试列出我国国民（包括学生）的核心素养清单。具备这些素养，或许能让我们"走遍全球都不怕"。

第一，创新能力。其中包括个体要具有创新意识和创新精神；能提出与众不同的想法；能自己或者与他人一起分析、评估、修正新想法；尝试以新的方式做事，把有创意的想法付诸行动，并对实践改进做出实际贡献；理解创新的长期性、艰巨性和复杂性，把失误和错误作为学习的好机会，不怕失败，勇于探索。

第二，批判性思维。其中包括个体能运用归纳推理、演绎推理进行有效率的思考；把握整体各部分进行系统思维；有效分析、评估、比较各种证据和观点，在审慎解释和分析的基础上得出结论；批判性地反思学习、工作和经验的流程，并持续改进；识别问题，分析问题，并运用常规性或者创新性的方法解决问题。简言之，批判性思维是高级思维素养，是科学精神的集中体现。

第三，合作能力。其中包括个体能积极参与社会公共事务，具有社会责任感，追求社会正义，履行公民义务，具有民主精神和民主能力，建设性地参与到各种层次的民主决策中去；善于进行团队合作，优质高效地在团队中工作，并通过创新性的想法和行为展现出个人领导力；具有灵活性，富有建设性，必要时通过妥协达成共识，求同存异，合作实现共同目标。可见，合作能力中至少包含着社会层面上的"公民素养"和组织层面上的"团队合作能力"两方面。

第四，交流能力。具体包括个体能针对不同的目的（如激励、谈判、指导等），清晰明确地表达自己的想法；能够聆听并理解他人的观点，是一个好的倾听者；能够换位思考，尊重、包容他人（本国或者他国）思想观点和价值观的多样性；能运用口头语言、书面语言、多媒体技术和其他方式进行沟通；能在不同环境中、不同文化背景下进行沟通（跨文化交流与国际交流）。

第五，信息素养。其中包括个体能高效地获取信息，能合理地、批判性地甄别信息，能准确地使用信息并创造性地解决问题；能有效利用科技手段，选择恰当的媒体工具，创作媒体作品，有效传播和沟通信息，转变学习、生活和工作方式，提高效率。

第六，自我管理能力。这是一种"把握自己人生"的素养，是一个人主体性的典型表现，主要包括个体能明了自己的优势与不足，了解外部的机遇与挑战，确定合适的未来目标；具有主动性，做好目标管理和时间管理，有效平衡长期目标和短期目标、处理好战略和战术的关系，并具有较强的适应性与灵活性，与时俱进，因时而化；能不断反思、终身学习，持续改进提升个人素养，创造性地解决人生中的各种疑难问题。

在 21 世纪的现代社会中，一个人要取得个人成功并能对社会有所贡献，这六种素养至关重要。简言之，就是做事要有新意（创造性和批判性思维），做人要善于合作与交流（合作能力与交流能力）、要有自知之明并有效管理自己（自我管理），不论做人还是做事，都要善用信息技术（信息素养）。我们可以把这些素养称为21 世纪的"新六艺"。

可否把上述六项素养进一步聚焦？当然可以。例如：美国将 21世纪诸多素养进一步聚焦为四个"超级素养"，即创新能力、批判性思维、合作能力、交流能力。2011 年，美国制作了四个超级素养的动画宣传片，借助媒体推动实施。

可否把四个超级素养再进一步聚焦？也可以。经济合作与发展组织把核心素养聚焦到一个素养，即"反思"素养，明确指出，反思是"核心素养的心脏"，并进一步指出"反思是指元认知能力（即关于思维的思维）、创新能力和批判性思维"，要求不论"思"还是"行"都应该具有反思性。

实际上，"反思"即前文所列六项核心素养中的创新能力和批判性思维。笔者认为，批判性思维是创新能力的前提，创新能力内在地把批判性思维包含在内，因此，可以把创新能力和批判性思维二者归结为一个素养，即"创新能力"。

基于此，我们可以肯定的是：创新能力是"核心素养的核心"，在 21 世纪的核心素养中，最重要的素养就是"创新能力"。一个国家和民族的创新能力，从根本上影响甚至决定国家和民族的前途和命运。培养国民的创新能力，功在千秋，刻不容缓。

（原文发表于《中小学管理》2016 年第 6 期）

核心素养是"行为能力"而非纸上功夫

"纸上得来终觉浅，绝知此事要躬行。"核心素养不是纸上功夫，而是"躬行"的能力。严格地讲，核心素养是行为能力，不是纸上谈兵的知识记诵和试卷填答。

素养（competencies）是"行为指向"或"实践导向"的，是一整套可被观察、教授、习得和测量的行为。或者说，素养是完成某一情境工作任务所必需的一系列行为模式。

由于素养是人在真实情境中做出某种"行为"的能力，而任何行为，都不是单一维度的知识、技能、态度所能支撑的，需要三者统合方能达成。所以，素养是对知识（knowledge）、技能（skills）、态度（attitudes）的超越和统整。为此我们可以列出这样一个公式：

素养 =（知识+技能）^{态度}，亦即 C =（K+S）^{A}。

态度是用乘方来连接知识与技能的。若态度为正值，知识与技能皆会产生乘数效应或者放大效应；若态度为负值，知识与技能皆会产生缩小效应甚至出现负面效果。这充分显示出态度在素养内在结构中的重要性，也显示出态度对于人的"行为"的深层价值。

通俗而言，人最重要的素养是"做事"的素养，亦即行为能力或者实践素养。人的本质是由其实践或行为的样态所界定和决定的。这要求教育的本质是提升人的"行为能力"或者实践素养。只掌握知识，不一定有行为能力；只有态度，也不一定有行为能力。所以，素养是高于和超越单一的知识、技能或态度的。

对于素养的这种界定，就要求我们在确定核心素养时，需要用"行为能力"或者"能做……事"来"直接"表述某种核心素养的名称。例如：经济合作与发展组织在陈述九个方面的核心素养时，都表述为"能够做……"［the ability to（do something）］。此处的"能力"即行为能力，其含义比技能要宽，是技能、知识、态度的复合体。因此，在表述某种素养时，常常是用"××能力"来表述的，如创新能力、合作能力等。

从行为的视角去表述素养，去分解素养（把大的行为领域分解为若干小的行为），具有以下明显优点。

其一，可以使得核心素养作为培养目标具有很强的"可操作性"和"可视性"，让人能够看得见、抓得住，拉近了远大目标与实际工作的距离，既利于教师在课堂上开展"教学"，也利于对核心素养的培育结果进行"评价"。核心素养应该是可教、可学、可评价的，从行为视角表述的培养目标，对可教、可学、可评价最为有利。

其二，素养强调知行合一、学以致用、实践力行，有助于破解现实教育中存在的"知识中心"的弊端，有助于破解知识中心导致的学生发展片面化、碎片化问题，有助于从学生整体发展视角看待教育问题，破解教学中只见学科知识不见整体人的问题。欧盟的一份报告明确提出"从知识到素养"（from knowledge to competence），是教育改革尤其是课程改革的方向。学以致用，才能形成能"做事"的素养。

素养的这种特点，对核心素养的"语言表述"提出了更为规范、严格的要求。我们以此为标准去衡量目前的各种表述，则会发现很多表述是不规范的。例如："具有……的知识""有创新的愿望""具备科学精神""积极探索"等，都不是从综合性的"行为"

视角，而是从"知识"或者"态度"的单一视角去表述的。这样的表述可能会产生负面作用：单一知识视角的表述，可能会使教育教学走向"知识中心"的老路；而单一态度视角的表述，容易让实际工作者难以把握，会走向神秘主义的素养观，导致素养培育的空泛和虚幻。

素养是行为能力，表述"素养"应该是行为指向的。但这并不意味着不能把"行为式的素养"从知识、技能、态度三个方面进行"分解式"说明。例如，欧盟的核心素养框架中，在对每一个核心素养进行"行为指向"的界定后，又从知识、技能、态度三个方面进行了分解式说明。这种分解式说明对于促进核心素养的培育，特别是对于修订课标、修订教材是绝对必要的。

不同时代所需要的行为能力是有差异的。核心素养本质上是人类在进入 21 世纪这样一个不确定的复杂情境中"解决复杂问题的行为能力"，是 21 世纪个人终身发展和适应社会发展所需要的关键少数"高级行为能力"，是每个人在 21 世纪都应该具有的少数几个高水平的"做事本领"。

上述核心素养不同于基础素养（如基础性的知识技能和基本的行为规范要求），也不同于"应试教育"所培养的应试技能。应试技能以"简单记忆""机械记忆"为重心，而不是以"行为能力"或者实践能力为重心，这样培养出来的人纸上谈兵绰绰有余，实践躬行严重不足，不能有效应对 21 世纪的挑战。

（原文发表于《中小学管理》2016 年第 11 期）

我国学生的核心素养及其培育

国民素质决定国家竞争力，国民的核心素养决定一个国家的核心竞争力与国际地位。自 20 世纪 90 年代以来，"核心素养"就成为全球范围内教育政策、教育实践、教育研究领域的重要议题，国际组织与许多国家或地区相继构建学生核心素养框架。核心素养成为一个统率各国教育改革的上位概念，引领并拉动课程教材改革、教学方式变革、教师专业发展、教学质量评价等关键教育活动。

国外学生核心素养框架

自 1997 年以来，经济合作与发展组织、联合国教科文组织、欧盟等先后开展关于核心素养的研究。受其影响，美国、英国、法国、德国、芬兰、日本、新加坡等国家也积极开发核心素养框架。我们主要介绍几个代表性国际组织和美国（西方国家代表）、新加坡（亚洲国家代表，与我国具有同样的儒家文化背景）两国所开发的核心素养框架。

三个国际组织的学生核心素养框架

1997 年 12 月，经济合作与发展组织启动了"素养的界定与遴选：理论和概念基础"项目，确定了三个维度九项素养。（1）能互动地使用工具。包括三项素养：互动地使用语言、符号和文本，互动地使用知识和信息，互动地使用（新）技术。（2）能在异质群体中进行互动。包括三项素养：了解所处的外部环境，预料自己的行动后果，能在复杂的大环境中确定自己的具体行动；形成并执行个人计划或生活规划；知道自己的权利和义务，能保护及维护权利、利益，也知道自己的局限与不足。（3）能自律自主地行动。包括三项素养：与他人建立良好的关系，团队合作，管理与解决冲突。① 该框架对于国际学生评估项目（PISA）具有直接影响，进而对许多国家和地区开发的核心素养框架产生了重要影响。

2006 年 12 月，欧盟通过了关于核心素养的建议案，核心素养包括母语、外语、数学与科学技术素养、信息素养、学习能力、公民与社会素养、创业精神以及艺术素养共计八个领域，每个领域均由知识、技能和态度三个维度构成。这些核心素养作为统领欧盟教育和培训系统的总体目标体系，其核心理念是使全体欧盟公民具备终身学习能力，从而在全球化浪潮和知识经济的挑战中能够实现个人成功与社会经济发展的理想。

2013 年 2 月，联合国教科文组织发布报告《走向终身学习——每位儿童应该学什么》。该报告基于人本主义的思想提出核心素养，即从"工具性目标"（把学生培养成提高生产率的工具）转变为"人本性目标"，使人的情感、智力、身体、心理诸方面的潜能和素质都能通过学习得以发展。在基础教育阶段尤其重视身体健康、社会情绪、文化艺术、文字沟通、学习方法与认知、数字与数学、科学与技术七个维度的核心素养。

美国的学生核心素养框架

2002 年美国制定了《"21 世纪素养"框架》，2007 年发布了该

① OECD. Definition and selection of competencies（DeSeCo）: theoretical and conceptual foundations [EB/OL].［2015-08-05］. http://www.oecd.org/education/skills-beyond-school/definitionandselectionofcompetenciesdeseco.htm.

框架的更新版本，全面、清晰地将各种素养以及它们之间的相互关系呈现出来（见图 1）。

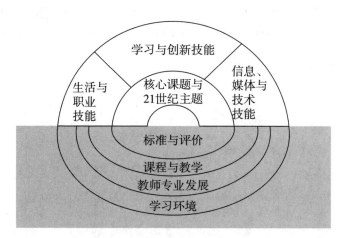

图 1　美国 "21 世纪素养" 框架

美国 "21 世纪素养" 框架以核心学科为载体，确立了三个技能领域，每个技能领域包含若干素养要求。（1）学习与创新技能。包括批判性思维和问题解决能力、创造性和创新能力、交流与合作能力。（2）信息、媒体与技术技能。包括信息素养、媒体素养、信息交流和科技素养。（3）生活与职业技能。包括灵活性和适应性、主动性和自我指导、社会和跨文化技能、工作效率和胜任工作的能力、领导能力和责任能力。①

新加坡的学生核心素养框架

2010 年 3 月，新加坡教育部颁布了新加坡学生的 "21 世纪素养" 框架（见图 2）。其中，核心价值观包括尊重、负责、正直、关爱、坚毅不屈、和谐。社交与情绪管理技能包括自我意识、自我管理、社会意识、人际关系管理、负责任的决策。公民素养、全球

① 张义兵．美国的 "21 世纪技能" 内涵解读：兼析对我国基础教育改革的启示 [J]．比较教育研究，2012（5）：86-90.

意识和跨文化交流技能包括活跃的社区生活、国家与文化认同、全球意识、跨文化的敏感性和意识。批判性、创新性思维包括合理的推理与决策、反思性思维、好奇心与创造力、处理复杂性和模糊性。交流、合作和信息技能包括开放、信息管理、负责任地使用信息、有效地交流。

图 2　新加坡"21 世纪素养"框架

学校所有学科的教学，就是为了培育这些素养，最后培养出充满自信的人、能主动学习的人、积极奉献的人、心系祖国的公民。

如何确定我国的学生核心素养框架

确定我国学生核心素养的框架结构与具体指标，是一项浩大的研究工程。在借鉴上述国际组织和国家的学生核心素养框架的基础上，笔者提几点原则性的建议。

根据人的发展与社会发展的要求确定核心素养

《国家中长期教育改革和发展规划纲要（2010—2020 年）》提出要"树立科学的质量观，把促进人的全面发展、适应社会需要作为衡量教育质量的根本标准"，促进人的全面发展、适应社会需要也应该作为开发学生核心素养框架的标准。

核心素养是个人终身发展、融入主流社会和充分就业所必需的素养的集合，这些素养是在现代民主社会中，为儿童和成人过上有责任感和成功的生活所需要，也为社会应对当前和未来技术变革和全球化挑战所需要。开发核心素养的目的在于培养具有 21 世纪工作技能及核心竞争能力的人，确保学生在校所学的技能能够充分满足后续大学深造或社会就业的需求，成为 21 世纪称职的社会公民、员工及领导者。

核心素养框架的确定必须具有时代性与前瞻性。从全球范围来看，核心素养的选取都反映了社会经济与科技信息发展的最新要求，强调创新与创造力、信息素养、国际视野、沟通与交流、团队合作、社会参与及社会贡献、自我规划与管理等素养，内容虽不尽相同，但都是为了适应 21 世纪的挑战。这些都值得我们借鉴。

核心素养框架的确定应该兼具个人价值和社会价值，并把二者有机结合起来。个人素养不能脱离具体的社会环境，应该适应、促进社会变迁与社会进步。

突出"关键少数"素养

国外的诸多核心素养框架并不相同，有的走的是"全面路线"，几乎把学生的所有素养都包括在内；有的走的是"简约路线"，只涉及一些关键的、高层级的素养。对于我国而言，我们认为后者更合适。

之所以称为"核心素养"，就在于这些素养不是一般性的，而是"核心的素养"。核心素养的定义应该是：适应个人终身发展和社会发展所需要的最关键、最必要的共同素养。或者说，核心素养是学生在 21 世纪最应该具备的那些"最核心"的知识、能力与态度。

在全球化背景下，核心素养的范围会有一定的共性，如对信息素养的要求；但因为国情差异（如国家发展面临的关键问题不同），在内容上也会有差异。就我国而言，有两个核心素养必须被大力强调。一是创新能力。这是我国教育的最大短板。二是民主素养。中国社会走向全面进步要求加快政治民主化进程，进而要求培养学生的民主素养。

目前，国家有关部门正组织力量开发中国学生核心素养框架与指标，我们认为这个框架指标不应该"大而全"，应该"少而精"，抓住关键和要害。

将核心素养具体化为针对不同学段学生的具体素质发展的阶段性要求

核心素养不应该只是一个抽象的、理论性的框架，而要根据学生发展的连续性和阶段性特点，把核心素养细化为不同教育阶段的培养目标。新加坡在此方面做得很好，值得我们借鉴。表1是新加坡规定的主要教育阶段的"学习成果"，即学生核心素养的具体发展要求。

表 1　新加坡各教育阶段学生核心素养发展目标

在小学毕业时应当	在中学毕业时应当	在中学后教育毕业时应当
能够分辨是非	刚正不阿	有道德勇气，捍卫正义
知道自己的优点和发展领域	相信自己的才能，能够适应变化	面对逆境不屈不挠
能够合作、分享、关心他人	能够从事团队工作，同情他人	能够进行跨文化合作，富有社会责任感
对事物怀有强烈的好奇心	有创造力，善于探索	富有创新精神和创业精神
能够独立思考，自信地表达自己的见解	能够欣赏不同的观点，并进行有效的交流	能够批判性地思考，并进行有说服力的交流
为自己的学习感到骄傲	对自己的学习负责任	坚定地追求卓越

在小学毕业时应当	在中学毕业时应当	在中学后教育毕业时应当
养成良好习惯，对艺术感兴趣	喜欢体育运动，欣赏艺术	追求健康的生活方式，能够欣赏美
了解并热爱新加坡	对新加坡有信心，知道新加坡的切身利益	对自己是新加坡人感到自豪，知道新加坡与世界的关系

如何培育学生的核心素养

围绕核心素养开发课程体系

要落实培养目标，需要依靠课程。核心素养已成为当前许多国家教育改革的支柱性理念，对研制课程标准、开发教材与课程资源起着重要的推动作用。欧盟统计资料显示，欧盟核心素养提出后，对四分之三以上成员国的课程改革产生了直接影响，这些国家都实施了针对核心素养的教育政策和行动计划。① 欧盟将信息素养、创业能力和公民素养等跨学科核心素养整合到小学和中学的多门课程中。培育跨学科素养的课程形态趋向于多样化，可以以独立学科的形式存在，也可以作为更广泛的课程或学习领域的一部分，还可以贯穿整个课程体系，由全体任课教师负责。

我们在开发课程时，一定要强调课程的整体性，注重学科之间的相互融合，以整体性之课程培育整体性之素养。

围绕核心素养改进教学方法

核心素养的培育，要求改进教学方法。死记硬背、题海战术是难以培育出核心素养的。美国在培育学生的"21 世纪素养"时，力图做到教学设计与课程相匹配，由教师引导转向学生独立应用、

---

① 裴新宁，刘新阳. 为 21 世纪重建教育：欧盟"核心素养"框架的确立 [J]. 全球教育展望，2013（12）：89-102.

说明和解释，发展批判性思维和问题解决能力。要求教师在教学过程中以学习者为中心，参照每个学生的知识和经验，满足他们独特的需要，使每个学生的能力都得到发展，并确保学生有真实的机会去运用和证明他们对"21世纪素养"的掌握。此外，美国在创设学习环境方面还提出具体要求：（1）为集体、小组和个人学习提供21世纪的建筑和室内设计，物质空间可以灵活改造，便于学生离开座位自由移动，促进合作、互动和分享信息。（2）有丰富的学习实践、人力资源和环境来支持21世纪的教与学。（3）教师与学生保持沟通，建立一种乐观的教育文化气氛，积极影响学生的学习。

我们在教学改革中，需要倡导启发式、探究式、讨论式、参与式教学，激发学生的好奇心，培养学生的兴趣爱好，营造独立思考、自由探索、勇于创新的良好环境，让学生学会发现学习、合作学习、自主学习。

提升教师素质是培育学生核心素养的关键

培育学生的核心素养，教师必须具备必要的专业素养。为此，必须加强教师培训。新加坡非常重视教师培训，所有教师都必须接受新加坡国立教育学院的职前培训，该培训依据2009年发布的"教师教育21框架"，使教师具备必需的技能和资源，以便培养学生的"21世纪素养"。

我国的教师培训需要整体变革，根据学生核心素养培育的要求，重新建构教师培训的目标、课程、模式等。

通过评价改革推进学生核心素养培育

核心素养所具有的整合性、跨学科性及可迁移性等特征，尤其是其所包含的大量隐性知识和态度层面的要素，给评价带来极大挑战。自2000年以来，经济合作与发展组织围绕核心素养组织实施了旨在考查学生适应未来社会能力的PISA项目，目前已涵盖阅读、数学、科学、合作问题解决、财经素养等多个核心素养领域，其研究结果在近70个参与国家和地区引起了强烈关注与反响。欧盟国家的思路则是将核心素养转换为可观察的外显表现，进而开发出相应的测量工具和量规，通过态度调查问卷、表现性评价等形式对核心素养开展评价。

　　就我国而言，评价重点需要由分科知识的评价转向基于核心素养领域的评价，评价方法技术则要求多元化。需要选取有代表性的关键指标探索建立测评技术方法与标准体系，形成一套抽象概念—工具测量—实证数据的核心素养指标研究流程和范式。当前需要重点关注的是：如何将学生核心素养评价体系的建构、实施，和当前的课程与教学体系、评价体系（含评价工具）、标准体系进行深度整合；如何全面提升针对核心素养指标的评价方法与技术，特别是对于复杂认知能力、态度与价值观的评价，以及网上测验的开发等。

（原文发表于《中小学管理》2015 年第 9 期，

作者为褚宏启、张咏梅、田一）

核心素养的核心与教育工作的重心

2016年9月，《中国学生发展核心素养》正式发布。对此3类6方面18个要点的清单与框架，人们评说不一。有一种观点认为此框架内容比较宽泛，更像"综合素养"或者"全面素养"。实际上，从国际上看，一些国际组织、国家或地区所颁布的核心素养清单，也是长短不一、宽窄各异，有些清单所包括的素养内容也比较多。当然，核心素养不是越多越好，而是越少越好，从理想的意义上看，聚焦成一个最好，因为"核心"的本意应该就是一个。但是，纵览国内外已有的核心素养清单，核心素养在数量上都不止一个。

目前我国发布的核心素养在范围上比较"宽"一些。当前的一些意见对于进一步完善核心素养框架是有益的。但只有批判性是不够的，建设性更重要。我们更应讨论的关键问题是：如何帮助实际工作者特别是中小学教师和校长理解、消化、运用这个框架，从中找到切入点和突破口，以有效促进核心素养的培育。

为此我们需要对此核心素养框架予以聚焦，以找到最能应对21世纪挑战的"关键少数"素养。只有聚焦，才能有抓手"抓得住"，才能有重点"能突破"，教师才能在每一节课上有所作为。如何聚焦？美国尤其强调四种核心素养：批判性思维和问题解决能力、创造性和创新能力、交流能力、合作能力。这四种素养被认为是最重要的 21 世纪素养，被美国人称为"超级素养"。

在我国的核心素养框架中，每个素养的重要性显然也不同，我们也可以依据其重要性进行聚焦。重中之重的"核心素养的核心"是什么？如果聚焦为两个，那么我认为应该是"创新能力"与"合作能力"。21 世纪是知识经济、信息化、全球化的时代，社会更加复杂、变化更快、竞争加剧、不确定性增强，唯有"创新+合作"才能有效应对。创新能力是智慧（智商）的集中体现，意味着"聪明的脑"；合作能力是情商的集中体现，意味着"温暖的心"。创新能力和合作能力也具有很强的统领、概括作用，例如：合作能力可以把交流（如跨文化交流）能力、自我管理等素养统率起来，因为一个合作能力强的人，交流能力不会差，自我管理能力也不会差。

如果我们再严格些，根据重要性大小，只聚焦为一个，那么笔者以为，这个"核心素养的核心"应是创新能力。原因有三。其一，培养创新能力是提升国家竞争力的需要，是国家发展新理念的要求。党的十八届五中全会提出五个发展新理念，把"创新发展"排在首位。习近平总书记也曾明确指出，一个国家和民族的创新能力，从根本上影响甚至决定国家和民族前途命运。而创新能力不足，已经成为制约我国核心竞争力的关键因素。对于教育领域而言，培养创新能力是最大的政治，是对创新发展新理念的最直接、最深刻的回应。其二，培养创新能力是我国教育深度改革、转型发展的现实需要。我国学生的创新能力培养较为薄弱，远远不能满足国家发展和学生个体发展的需求，教育的深度改革和内涵发展，焦点是创新能力培养。其三，创新能力是一种综合性、涵盖性很强的核心素养，可以把批判性思维（理性思维、批判质疑等）、问题解决能力等核心素养包容在内。

1978 年召开的党的十一届三中全会使我国实现了"工作重心

的转移"，即由"以阶级斗争为纲"转向"以经济建设为中心"，完成了一个伟大的历史转折。当前，我国教育工作也处于一个关键的历史节点上，也需要一个类似的、意义同样重大的"工作重心的转移"，即由"以培养应试技能为中心"转向"以培养创新能力为中心"。这个工作重心的转移，对于实现中华民族伟大复兴意义重大。

如果我们把诸多核心素养聚焦为"创新能力"，并将之作为"核心素养的核心"，那么实际工作者会更容易把握 21 世纪核心素养的实质与重点，就可以把培育学生的创新能力作为教育教学的工作重心，作为切入点和突破口，便于在每堂课中实操与推进。

而培养学生的创新能力，"教法"比教材更重要，教师的教学方式必须转变。我们需要开展启发式、探究式、讨论式、参与式教学，激发学生的好奇心，培养学生的兴趣爱好，营造独立思考、自由探索、勇于创新的良好环境。培养学生的创新能力，需要民主、自由、宽松的课堂教学氛围、学校文化氛围和相关制度保障，需要"放水养鱼"，需要"放长线钓大鱼"，而非缘木求鱼，更非竭泽而渔。严格管控的教育、死记硬背的教育是培养不出创新人才的。

（原文发表于《中小学管理》2016 年第 10 期）

学生创新能力培养如何突围？

创新能力对国家发展和个人成长的重要性毋庸置疑，它既是国家的核心竞争力，也是个人的核心竞争力。按理我们应该上下一心、全力以赴、共同推进学生创新能力的培养，但现实却是，学生创新能力培养的上空乌云密布。不少学校尤其是一些中学，致力于培养"会考试的人"而不是"会创造的人"，竭尽全力把应试技能的培养做到精细极致，却少有把学生创新能力培养放在突出位置的。在"应试教育"的重压与合围下，学生创新能力培养工作亟待突破，亟须"突围"。

如何突围？我们需要在教育目标、考试评价、课程设置、教学方法等维度全面突破，重点解决要不要、能不能、愿不愿三个问题。这个突围是战略性、系统性的突围，不是细枝末节的小打小闹。

在教育目标层面，真正解决"要不要"的问题

我们应把学生创新能力培养作为学校教育的核心目标，并通过评价改革，把学生创新能力培养落到实处，真正解决"要不要"培养学生创新能力的问题。

创新人才对于促进国家发展、提升国家竞争力至关重要，因此从宏观层面看，国家非常强调学生创新精神与创新能力的培养；但到家长、学校乃至地方政府层面，则非常强调分数的重要性，因为分数是决定学生升学的标准，在某些学校、某些地区，也是衡量教师、校长、教育局局长工作成绩的根本尺度。似乎国家需求与家长和学校需求之间存在着不可调和的"矛盾和冲突"。一个被家长、教师、官员、社会各界普遍认可的观点是：让孩子学会考试、提升考试技能，是对孩子好。于是，学校、家长、社会补习机构结成牢不可破的统一战线，把一个个活生生的孩子牢牢绑在应试的战车上。学生渐渐成为无痛（麻木）、无趣、无梦的"橡皮人"。

很多人会问：创新能力的确对国家很重要，但是对个人重要吗？能让孩子考上好大学吗？能当饭吃吗？实际上，创新能力是一个人各种素养的综合体现、集中体现，关乎学生的根本利益和长远利益，是学生未来有效应对不确定的外部环境的制胜法宝，对于学生一生的可持续发展、一生的幸福生活而言，比考试技能重要得多。相比较而言，应试技能侧重简单机械记忆，创新能力侧重高级思维与复杂问题解决，前者是低级素养，后者是高级素养。创新能力培养更接近教育的本质、人的本质。培养学生的创新能力是对学生"真的好"，背后体现的是对学生的温暖与温润，是教育的人道与善意。而分数挂帅所带来的则是人的本质的异化、教育的异化。当然，重视学生分数"主观上"也是为了学生好，但顶多是"打折扣的好""片面的好""眼前的好"，不是面向未来的根本意义上的"真的好"。

既然如此，为什么诸多学校舍高取低、舍本逐末？就是因为太急功近利，只想学生"一时"的考试成绩，不想学生"一世"的发展能力与幸福人生。一些人的口头语是"眼前还顾不了呢，哪还有心思考虑遥远的未来？"于是把对于考试有没有用作为衡量一切教育行为、学生行为正确与否的根本标准。

因此，在教育目标层面，我们要"真正"解决对于创新能力"要不要"的问题，通过多种方式，转变各方的教育观念，立足长远思考教育目标问题，把培养学生的创新能力作为教育的头等大事，作为国家发展与个人发展的固本培元工程，放在心上，落实到每一天的学校工作中，落实到每一节课上。在此问题上，各方都必须有战略定力，任凭风浪起，稳坐钓鱼台；要扎实推进，抓铁留痕，不是空洞地喊喊口号而已；要痛下决心，以壮士断腕的勇气，扭转教育目标，从"分数挂帅"转向"创新为王"。

因此，我们需要通过考试评价改革和绩效考核改革，把学生创新能力发展水平作为考试评价的重要内容，把学生创新能力培养情况作为衡量教师、学校、教育行政部门工作绩效的重要指标。总之，把学生创新能力状况与学生、教师、学校、教育行政部门的切身利益挂钩，增强各相关主体培养学生创新能力的外部动机和利益激励，促进培养工作落到实处。

在学生智力因素层面，解决"能不能"的问题

解决了"要不要"的问题后，我们要在学生智力因素层面，解决"能不能"的问题。我们应通过改进课程设置和教学方法，培养学生的创新性思维，让学生具备"能够"创新的思维品质。

创新能力是一种高级行为能力，是人类心理机能的高级表现。创新能力可以理解为特定主体为达成任务目标而提出新颖且有用的理念、想法、程序或事物。中小学生有创新能力吗？有。但中小学生的创新不同于科学家在研发活动中的"大创新"（杰出创新），而是体现在学习活动中的"微创新"和日常生活中的"小创新"，其社会价值不大但教育价值很大。没有中小学阶段的"微创新"和"小创新"，就没有将来的"大创新"。

创新是一个思维过程，包括发现事实、识别问题、收集信息、

产生创意（形成方案）、验证创意、评估创意与结果等内容。创新能力是一种综合能力，其核心成分是创新性思维。培养学生的创新能力，关键是培养其创新性思维。

创新性思维并不神秘，它是多种思维方式平衡发展、复合作用的结果。创新性思维主要包括发散性思维、聚合性思维、批判性思维等类型。发散性思维是围绕着问题多方寻求答案，聚合性思维是把解决问题的各种可能性都考虑到之后，再寻求一个最佳答案。聚合性思维和发散性思维共同构成创新性思维的基础。批判性思维是一种理性的、反省的思维，它用于分析各种论争、识别各种谬误和偏见，根据证据得出结论，是人们应对社会生活中的各种错觉、谬误、欺骗、迷信的方法，是人类思想独立和观念创新的重要前提。

在教学中培养学生的创新性思维大有可为。（1）在课程建设方面，开设专门的思维课程，并在各科教学中加强思维训练，将独立的思维技能教学与常规课程中的思维教学结合起来。我们要向学生讲解创新性思维的技能、方法和知识，并提供具体的案例或范例，以及提供更多机会，让学生应用这些技能方法；同时，通过项目研究课程、综合实践课程培养学生的思维能力。（2）改进教学方式，提升学生的思维品质。其一，教师要巧妙提出问题，用苏格拉底法，引导学生深入思考和探究，培养其逻辑思维能力尤其是聚合性思维能力。其二，让学生自由提出问题，运用自由提问法，培养学生发散性思维能力。其三，让学生互相辩论，运用辩论法，使学生从多种角度看问题，鼓励学生进行开放性讨论和批判。

在学生非智力因素层面，解决"愿不愿"的问题

我们应在学生非智力因素层面，通过改进教学方法，培养学生的创新型人格，为学生创新能力发展提供内在动力和内部动机，让学生发自内心地"愿意"去创新，解决"愿不愿"的问题。

　　创新型人格包括高度的自觉性和独立性、旺盛的求知欲、浓厚的兴趣、强烈的好奇心等维度，这些都属于非智力因素。耶鲁大学心理学家斯滕伯格发现，个性中的兴趣和动机是人们从事创造性活动的内驱力，可以驱使个体专注于所从事的活动，提高对特定事物之间联系的敏感程度，拓展自身可利用的资源范围，寻求各种潜在的帮助，愿意承担风险去尝试问题解决的不同方式。没有"动力"尤其是没有创新的内在动力，缺乏兴趣与好奇心，创新性思维能力就难以发展起来。在此意义上，"愿不愿"决定"能不能"，创新型人格决定着个人对于创新活动的精力投入和智力投入，进而决定着创新性思维能力的发展水平。

　　培养创新型人格，关键是改革教学方法。我们在教学中应重点做好以下几点工作。（1）保护并激发好奇心。好奇心从本质上说是学生对不了解的事物所产生的一种新鲜感和兴奋感，往往表现在对新事物的注意，以及为了弄清其因果关系而提出各种问题。我们要改进教学方法，尽力保护、呵护学生的好奇心。（2）尊重学生的兴趣爱好。例如：提供具有选择性的课程与活动，如社团活动、兴趣小组等；尊重和运用学生的生活经验；杜绝死记硬背、题海战术等教与学的方式；提供复杂的、研究性的作业，避免重复的、单调的作业。（3）培养学生独立性、自主性和自信心。鼓励学生提出个人看法与见解，留出充分的空间让学生去独立思考，多表扬多激励学生。（4）推进教学民主，建立民主型师生关系，营造民主、自由、宽松的教学氛围。自由、民主的心理环境能促进学生提高创造力水平，而紧张、压抑、受限制的心理环境则会阻碍其个性发展，扼杀其创造力。

（原文发表于《中小学管理》2016 年第 12 期）

中小学生创新精神与创新能力的培养：
基于北京市 30 位知名校长访谈的思考

在人才竞争越来越激烈的今天，世界各国都把培养拔尖创新人才作为国家的一项重要任务，我国也不例外。从 2006 年开始，我国已将建设创新型国家列为重大战略决策，教育部门已将培养创新人才作为一项重要的研究课题。然而，现有研究大多关注的是高等教育中的问题，研究重点放在如何培养大学生的创新素质上。而实际上，决定一个人成长的既漫长又关键的时期往往在中小学阶段，基础教育向高等教育输送何种人才也决定了大学是否能产生更多的创新人才。因此，对基础教育阶段的创新人才培养状况进行研究，显得尤为关键。

鉴于此，我们邀请了北京市 30 位知名中小学校长，围绕中小学培养创新人才的侧重点、学生创新精神与创新能力培养的主要障碍、如何培养学生创新精神与创新能力等诸多问题，进行了深入研讨。一线校长们的宝贵意见，引发了我们对创新人才培养问题更深入的思考。

中小学培养创新人才的侧重点

对基础教育阶段"创新"的理解

对于"创新"一词，校长们的理解不尽相同。有的校长认为，创新是一种人格，是人的本质属性。有的校长认为，创新的内涵是改变：让事物向好的方面转变，大的创新是由点点滴滴的改变组成的。关于创新和旧有经验的关系，校长们认为，创新必然是来自实践的。有的校长认为，创新就是不守旧，和自己旧有经验不同，综合其他人的经验为我所用并产生积极效果。也有的校长认为，创新就是结合过去的经验把现有工作调整好，在教育方面就是按教育规律办事，创新包括原创和再创。还有的校长没有明确表达自己的意见，但是强调上级教育行政机关需要明确"创新"在教育领域，特别是在中小学阶段学生培养方面的意义。还有的校长说，要想让中小学校创新，政府和制定政策的人首先应该创新。并且，学校的创新不应该只是一种模式，每个学校都要结合自身的特点去摸索实践。

对培养创新人才的理解

对于创新人才的培养，校长们有着不同的理解。有的校长认为，不是所有的人经过中学教育都能变成创新人才，更不是所有的人都要搞创造发明，只有少部分精英可能成为创新人才，因此，创新人才的培养是一种精英教育，创新人才培养在中小学阶段主要是对创新精神的培养。

还有的校长对此持相反的观点。他们认为，素质教育的特点之一是"全优教育"，创新教育应该是素质教育的一部分，因此，创新人才培养也应该是全纳性的，是每一个学生都需要的，重点是开发其潜能。

还有的校长认为，创新人才培养的结果是不能预设的，学校主要通过环境的营造、对学生自由空间的保护来影响学生。最终结果如何，学生能不能成为创新人才，还要受到多种因素的影响。中学阶段主要是培养学生创新的习惯。

影响创新精神和能力的主要因素

校长们普遍认为，具有创新精神和创新能力的学生的特质主要有：人格具有独立性，思维具有批判性、发散性，喜欢质疑问难，有好奇心和想象力，能够挑战和否定权威等。

至少有 5 名校长认为，学生只有对一件事情非常感兴趣时，才有可能产生创新思维，被迫学习是很难激发学生的创新精神的。也有 5 名校长认为，实践对于培养学生的创新能力很重要，但现在由于考虑到安全等问题，所以学生们参与社会实践活动的机会太少。还有 4 名校长认为，学生需要有更开阔的视野才能创新。还有的校长说，追求科学的精神是创新精神的一个重要组成部分。

学校在创新人才培养中的作用

对于学校在创新人才培养中的作用，校长们的观点趋向一致，他们都认为，中小学阶段对创新人才培养的侧重点在于创新精神和潜在的创新能力的培养。学校的作用在于营造一种宽松的氛围和环境，包括促进学生好奇心和想象力的发展、人格独立性的培养、思维的发散性与批判性的发展等。尽管现阶段的学校出于种种原因不是很适合培养创新人才，但是校长们在积极尝试改变现状。

学生创新精神与创新能力培养的主要障碍

整个社会更看重学生的考试成绩而非创新能力

有 13 位校长谈到，整个社会的风气是只看重学生的考试成绩，家长大都希望子女有更好的工作出路，因此更希望孩子考高分而不是有所谓的创新能力；政府和家长对学校的评价也主要看升学率，这导致学校为了吸引生源不得不狠抓升学率。

几乎所有的校长在提到创新人才培养遇到的障碍时，都提到了评价制度的问题。他们认为，国家应该大力弘扬创新精神，重点要在评价制度上有所体现。

教育行政部门对学校约束太多

有 11 位校长谈到，教育行政部门对学校管得太死，在很大程度上限制了学校自身作用的发挥。比如：很多校长认为，在现有的考试制度不改革的前提下，课改反而加重了学校、教师、学生的负担。又如：研究性学习的难度偏大，增加了孩子们的负担；一些所谓的综合素质评价最后都变成形式上的东西。孩子负担太重，就会对学习产生厌倦情绪，就难以产生创新精神和创新能力。也有一些校长觉得，现有的课程体系仍然呆板，创新需要一个更开放的、融合的课程体系，与国际接轨，与社会接轨。

基础教育与高等教育的衔接不好

有 6 位校长都提到了基础教育与高等教育在人才培养方面出现断层的问题。这包括课程内容安排的脱节、价值观的脱节、行政管理上的脱节等。对于高校招生，有的校长认为，高校招生制度和高考加分制度不利于创新人才培养，但是改革比较难，因为在此背后有错综复杂的利益关系。很多校长认为，某些大学对中小学存在轻视的心理，对于中小学的教育方式和特点不够理解，因此，在自主招生方面很少考虑中小学的建议。基础教育和高等教育的脱节，很大程度上影响了创新人才培养的连续性。

综合以上内容，我们可以看到，阻碍学生创新能力与创新精神培养的最大障碍是现行的高考制度，高考选拔人才的制度影响了社会对学校教育、对人才的理解，决定了教育行政部门对学校的管理也围绕着高考进行。在此前提下，课改反而加重了大家的负担，在应试背景下的综合素质评价成为一种形式，中学的招生制度、高校招生中的加分制度与高校自主招生制度由于其内部的利益关系复杂而难以改革。这些因高考制度衍生出来的问题成为学校培养创新人才的巨大阻碍。因此，要培养创新人才，就需要在评价制度上进行改革。

对培养学生创新精神与创新能力的若干建议

学校应着力创设宽松、自由的环境

校长们认为，培养学生的创新精神与创新能力，很重要的一点就是在学校营造宽松、自由的学习环境和氛围。这首先要从学校管理层做起，从学校战略规划的制定开始，将对学生创新精神和创新能力的培养纳入学校的发展规划。管理层要着力培育学校良好的育人环境，让管理层和教师们都尊重学生的个性、保护学生的自尊心和自信心。在制度层面上，可以尝试使用包括干部恳谈会制度、学生评教制度和个人研讨会制度等方式，促进学校各级各类人员之间的有效沟通。有条件的学校甚至可以让学生参与学校决策，培养学生的主人翁意识，激发其创新精神，锻炼其创新能力。

要注意培养创新型教师

大部分校长都认为，一个没有创新精神的教师是很难培养出具有创新精神的学生的。培养学生的创新精神，教师教育尤为关键。学校要注意培养创新型教师，尤其要转变教师的陈旧观念，强化教师的责任感，让每位教师都为学生创新精神的培养有意识地做出贡献。学校还可以通过树立榜样的方法，让其他教师学习优秀教师的创新做法。

课程安排和活动组织应凸显学生的主体地位

培养学生的创新精神和创新能力必须以学生为主体，鼓励学生主动参与到课程和活动中去。在学校特色课程的设置上，可以开设一些劳动课程，以增强学生的动手实践能力；开设一些国际课程，以开阔学生的视野；开设一些科学实验课，让学生对创新产生强烈的兴趣。还可以通过生命教育，提升学生的主体意识。

在课堂教学活动中，教师要通过各种形式促进学生自主学习。如座位形式的改变往往会带来课堂气氛的改变。教师必须走到学生中间，鼓励学生积极参与教学活动。现在，很多学校都构建了促进学生个性发展的平台，开展了一些能够提升学生创新精神的活动。如联系工厂，让学生参与社会实践；给学生参与学校重大事务决策的机会；帮助学生制定职业生涯规划；组织以多样知识为载体的各种形式的课外活动等。有些学校还创设了学校基金，鼓励学生创新。

（原文发表于《中小学管理》2010 年第 5 期，

作者为褚宏启、潘睿，收录时有改动）

走向理性社会：批判性思维为何重要？

那英唱过一首歌，叫《雾里看花》，歌词大意是，这世界变幻莫测，看过去如雾里看花、水中望月，人生一世，你会听到很多话语，但你可知"哪句是真哪句是假？"如何看到本质？"借我借我一双慧眼吧，让我把这纷扰看个清清楚楚明明白白真真切切。"我认为，这里所说的"慧眼"实为批判性思维。

批判性思维（critical thinking），本质上是科学思维、理性思维。我们不能仅仅根据字面意思，把批判性思维简单理解成"动辄批判别人""与别人抬杠""否定别人的看法"，北京语言大学谢小庆教授认为将其译为"审辨式思维"更加贴切。综合国内外各种观点，我认为批判性思维是指：适当运用归纳推理、演绎推理进行有效率的思考；把握整体各部分进行系统思维；有效分析、评估、比较各种证据和观点，在审慎解释和分析的基础上得出结论；批判性地反思学习、工作的流程，并持续改进；识别问题，分析问题，并运用常规性或者创新性的方法解决问题。简言之，批判性思维是高级思维素养，要求慎思明辨、基于数据和证据得出结论或做出决策，是科学精神、理性精神的集中体现。

批判性思维与美国教育家、哲学家杜威的"思维五步法"，与胡适的"大胆假设，小心求证"息息相通，但比他们所界定的外延更加广泛。美国批判性思维运动的先驱恩尼斯认为批判性思维是"为决定相信什么或做什么而进行的理性的、反省的思维"。批判性思维是 21 世纪诸多国际组织、国家与地区具有高度共识的"核心素养"之一，且在核心素养清单中排在前列。美国把批判性思维列为四个"超级素养"之一。经济合作与发展组织把反思视为"核心素养的心脏"，而反思包括"元认知能力、创新能力和批判性思维"。

批判性思维为什么如此重要？

首先，批判性思维具有极高的工具价值。批判性思维涉及逻辑思维、分析、综合、推理、演绎、归纳等方面，属于高阶能力（higher-order skills）。与低层级的应试技能与记忆能力显然不同，批判性思维能力决定着个人竞争力和国家竞争力状况，是有效应对复杂多变不确定的 21 世纪社会的有力武器。中国的强大不取决于中国学生记忆力和应试能力的强大，而是取决于思维的强大。思维强大支撑国家创新战略，进而支撑经济强国与军事强国目标。

其次，批判性思维具有极高的内在价值。人与其他动物的本质区别在于人有理性、能思维、能质疑。我思故我在。培养学生的批判性思维是顺应人性的、帮助学生实现作为人的本质的基本要求。培养批判性思维，能解放学生的思维，把学生从应试技能强化、死记硬背训练的泥沼中解救出来，会使教育教学过程更有生机与活力，会使学生更为喜欢并享受教育教学过程，并能最终增进学生的主体性。培养学生的批判性思维，不论是过程还是结果，都是充满人道精神的，是对教育中异化现象的矫正。

最后，批判性思维的培养具有深刻的社会意义。针对学生甚至全体国民的批判性思维的培育，对于当前中国的社会发展与国家现代化建设具有特别重要的"思想解放"意义。前现代社会是理性不彰的社会，在对于事物的认识上，往往遵从权威、迷信鬼神。而现代社会崇尚科学理性，质疑权威，反对迷信，在认识论上截然不同。我国社会处于现代化的转型期，新旧杂陈，泥沙俱下，一些社会现象、一些人的思想与行为依然表现出一些前现代特征，以致会发生诸如抢购食盐、狂吃茄子与狂喝绿豆汤等非理性现象。加上有权就任性、强权即公理、权力即有理等现象时有发生，更使国民的独立思考、创新精神以及科学理性精神受到压抑，难以彰显。而我国推进国家现代化，需要理性思维即批判性思维的支撑。

现代社会是理性社会，人必须具有科学理性精神及批判性思维能力才配叫现代人，社会必须具有科学理性精神才配叫现代社会。教育的使命、教育现代化的使命，就是通过培养具有科学理性精神的现代人，让中国社会"走向理性社会"，为中国社会成为时时处处"讲道理、重证据、远离情绪化和随意性"的社会做出应有贡献。

20 世纪中叶以来，英美等西方国家兴起了一场影响广泛的批判性思维运动（critical thinking movement），批判性思维成为学校的重要课程。相对而言，我国社会更需要批判性思维的洗礼，我国国民更需要提升批判性思维的水平。通过全民批判性思维的提升，给每个人一双慧眼，让其能独立思考，识破并拒斥各种谬见偏见、封建迷信、骗局诡计、魑魅魍魉，促进中国社会进入科学精神更为彰显的理性社会。

（原文发表于《中小学管理》2018 年第 4 期）

走向理性社会：
如何培养学生的批判性思维？

批判性思维意味着独立思考，敢于质疑，不盲从权威，不唯上不唯书；意味着基于证据和数据得出结论、做出决策，实事求是，不随意不主观；意味着思维过程严谨缜密，推理合乎逻辑，不武断不独断。批判性思维的本质是科学思维、理性思维，国民具备批判性思维素养是一个社会走向理性社会的关键（参见前一篇文章《走向理性社会：批判性思维为何重要?》）。

现代社会是理性社会，是讲道理的社会。衡量一个国家是否是真正的现代化国家，关键是看这个国家的理性化程度。我国社会的理性精神亟待增强。因此，学生批判性思维的培养，并不只是教育工程，更是一项具有历史意义和现实意义的社会工程，涉及国民性的改造、国民素质的提升，事关人的现代化的推进，事关社会转型的成功，事关国家现代化的实现。

培养学生的批判性思维，需要重点关注以下问题。

第一，认识到批判性思维对于国家与个人的价值。我们要转变教育观念，真正认识到批判性思维培养对于国家现代化、对于个人尊严的价值。从政府到学校到教师到家长，都要把培养学生的批判性思维作为教育目标，形成合力共同推进相关工作；要把批判性思维的培养深化细化到每一个学段、每一个年级，制定与学生年龄和心理特征相匹配的具体目标，从幼儿园阶段就开始培养，并通过评价激励手段强化培养过程与培养效果。

当前我国中小学校尤其是中学，面临现实的考试压力，往往更重视记忆不重视思维，重视分数不重视能力。实际上，我们不应把培养批判性思维与提高考试成绩对立起来。批判性思维能力的提高，是有助于考试成绩的提升的。试想一下，如果一个学生的批判性思维能力即归纳推理能力、演绎推理能力、系统思维能力、分析能力、反思能力、因果论证与解释能力都提升了，那么他的考试成绩会差吗？学生通过提升批判性思维能力进而拉升考试成绩，是一种最聪明、最有效的"提分"路径，最后获得的高分是"绿色分数"，与通过题海战术、加班加点、日夜刷题提升成绩有天壤之别。

第二，通过课程与教学培养批判性思维。许多国家特别是英美等国都明确地将培养学生批判性思维作为政府教育目标，开发相关课程并开展研究，其做法与经验值得我们借鉴。我们可以效仿欧美国家，独立开设专门的批判性思维课程，向学生讲述批判性思维的技能技巧，尽可能系统而详细地介绍这些技能的构成要素、基本属性和运用程序。同时，在各科教学中加强批判性思维训练，把批判性思维教学有机渗透到各学科中去。前者为"独立式"，后者为"镶嵌式"，二者各有长短，有互补之效。

我们要培养学生的批判性思维，必须改变传统的教学方式与学习方式，把学生从思维僵化中解放出来。在应试压力下，学生往往陷入"一题一解"、只有一个标准答案的思维惯性，缺乏"一题多解""一问多答"的发散思维；往往绝对相信所学过的书本知识，缺少批判意识和问题意识。教师需要运用启发式、探究式等教与学的方式，解放学生的思维，鼓励学生提出个人独特见解，鼓励学生深入研究某一个富有挑战性的问题并提供教学支持。解放思维就是解放思想，把学生从应试的禁锢中、从标准答案的禁锢中解放出来。

　　培养学生的批判性思维，切忌形式主义。某些课堂上的小组合作学习与探究，时间短暂，内容肤浅，徒有其表，实效性并不大。培养学生的批判性思维，问题要有真实性与挑战性，过程要有持续性，这样培养活动才有深度，才能收到实效。教师可以让学生组成研究小组，就某一个现实问题或者研究专题（如植物生长、污染治理）开展持续几周甚至几个月的研究与学习，让学生像科学家一样思维。这种做法往往卓有成效：因为研究的是真实问题，所以不是纸上谈兵；因为持续时间长，所以有深度；因为是团队合作，所以能相互启发相得益彰。这就是"基于问题的学习"（problem-based learning）或者"项目学习"（project-based learning），都简称为PBL，是当前国际上比较有效的批判性思维培养模式。

　　第三，通过学校的一切活动，通过营造良好的文化氛围，培养学生的批判性思维。培养学生的批判性思维，并不只是科学类学科的任务，每个学科都有培养批判性思维的任务，也都具有丰富的培养资源。语文、历史、品德、法律、政治等学科内容，都为学生批判性思维的发展提供了宽广的问题域。各种学生活动包括社团活动、兴趣小组活动、社区服务活动、社会调查活动，以及诸多活动形式如研讨会、辩论赛、演讲比赛等，都为学生批判性思维的发展提供了广阔空间。

　　思决定行，思维方式决定行为方式。上述这一切努力，都是为了改善学生的思维方式，把学生从形形色色的思维惯性中解放出来，成为有独立意识、辨别能力、理性精神的现代公民，让他有一双慧眼，能够识别谎言与欺骗。千千万万这样的个体是现代理性社会的基石，是社会走向成熟、不再幼稚与摇摆的保障。

　　　　　　　　　　　　　　（原文发表于《中小学管理》2018 年第 5 期）

"有话好好说"：学生交流能力的培养

"有话好好说"的社会是一个美好的社会，"有话好好说"的人生是一种优雅的人生。

"良言一句三冬暖，恶语伤人六月寒""酒逢知己千杯少，话不投机半句多"，这些都说明交流能力的重要性，说明有话"需要"好好说。有效交流对于学习、工作、生活至关重要。进入复杂多变、不确定性增强、竞争加剧的21世纪，进入全球化、信息化时代，交流能力更为重要，已成为众多国家和国际组织公认的"核心素养"之一，这也说明有话"更要"好好说。

交流能力即沟通能力，通俗地讲就是"有话好好说"，但是不仅仅局限于"说"，因为交流是双向的，还包括"听"；不仅仅是口头交流，还包括书面交流即包括"写"；甚至也不仅仅是言语交流，还包括非言语性的肢体语言的交流。交流能力是从所有职业活动的工作能力中抽象出来，具有普遍适应性和可迁移性的一种核心素养，它是个体在与他人交往活动中，通过交谈讨论、当众讲演、阅读以及书面表达等方式，来表达观点、获取和分享信息资源的能力，是日常生活以及从事各种职业必备的社会能力。

具体而言，交流能力包括如下内容：能针对不同的目的（如激励、谈判、指导等），清晰明确地表达自己的想法；做一个好的倾听者，有效聆听并理解他人的观点；能够换位思考，尊重、包容他人（本国或者他国）思想观点和价值观的多样性；能运用口头语言、书面语言和其他方式（如肢体语言）进行沟通；能利用多种媒体和技术进行沟通；能在不同环境中、不同文化背景下进行沟通（跨文化交流与国际交流）。

上述对于交流能力外延的阐释，反映出 21 世纪信息化与全球化社会对于交流能力的新要求，要求人们学会运用信息技术手段进行交流，要求人们能够进行跨文化的国际交流。

具备交流能力或者要做到有效交流，要求交流具有清晰、简明、明确、连贯、正确、通透、礼貌等特征（communicate clearly, concisely, concretely, coherently, correctly, completely, and courteously），这也是"有话好好说"的具体要求。

可见，交流能力并非单一的语言技巧，更非单纯的应试技能与纸上功夫，而是一种综合性的行为能力、实战能力，是语言知识（词汇、语法等）、语言技巧技能、态度的统整与超越。交流能力是真实情境（如谈判、研讨、教学、恋爱等）中，有效表达、理解、分享思想的能力。

交流能力背后有思维、讲理性。交流的基本要求也是核心要求是"讲道理"，不随意，不情绪化，不狡辩，不胡搅蛮缠，不武断，不专断，不指鹿为马。要实事求是，言之有物，真诚坦诚讲真话，而非言不由衷假大空。

交流能力要求有温度、讲人道。不花言巧语，不以势压人，而是以理服人、以德服人。换位思考，尊重对方、听众或读者。让人说话，让人把话说完，尊重不同的看法和观点，不党同伐异。

交流能力要求有美感、致优雅。用词造句不粗俗、不粗鄙，而是雅致精致，富有美感，让人如沐春风。

总之，好的交流或者有效交流，应该充满理性、温暖、优雅的力量，具有信达雅的感染力，具有真善美的感召力。

当前我国中小学生的交流能力，在听说读写各个方面，能体现出理性、温暖、优雅的力量吗？能做到清晰表达、认真倾听、尊重差异、礼貌周到、用词优雅吗？能体现出绅士风度与淑女风范吗？显然，离理想之境尚有很远距离，现状不容乐观。

交流能力是学生综合素质的表现，是学生的核心素养与关键能力之一。培养学生的交流能力，需要关注以下要点。

其一，在培养目标层面上，政府和学校要把学生交流能力作为重要培养目标。政府在教育目标表述中，要明确提出提高学生的口头表达能力（尤其是演说能力）和书面表达能力的要求。学校要把学生交流能力培养列为重要教育目标，并通过评价制度强化其重要性，引导学校、教师、学生、家长重视交流能力的培养。

其二，改进语文教学和外语教学，重视学生"实际"交流能力的培养。语文教学中的"套路作文"，英语学习中的"哑巴英语"，属于典型的应试教育产物，重视纸上功夫而非实战能力。我们要把学生实际交流能力的培养放在首要位置，调整教学内容，改进教学方法，通过多种方式，重点提升学生的口头表达能力。同时要改进作文教学和英文写作教学，改造学生的"文风"，让学生的写作言之有物、言之有据、言之成理，具有批判性与建设性。

其三，要在教育教学和学校各项活动中，培养学生的交流能力。所有学科的教学活动、学生管理活动和班级管理等，都要为学生交流能力培养提供机会、平台、资源与保障，充分尊重学生的表达权、参与权，让他们更多地发声与历练。提高校内教学、管理等各种活动中的交流质量，让学生沉浸在理性、温暖、优雅的交流氛围中，这是培养学生交流能力的最好课程。

其四，学校的教师与管理人员要"有话好好说"。教师和学校管理人员的一言一行，尤其是他们的言语内容、表达方式，都会对学生产生潜移默化的影响。教师在师生交往中处于优势地位，手中拥有一定的"权力"，权力有时容易滋生傲慢与偏见，会对处于弱势地位的学生带来伤害，让其不敢说话、不敢说真话。长此以往，其交流能力发展必然受到抑制和压制。因此，拥有权力的人更应该有话好好说，对于学生多表扬、鼓励，让学生敢于表达、勤于表达，并在不断的表达中学会有效交流。

（原文发表于《中小学管理》2018 年第 2 期）

合作共进：学生合作能力的培养

　　合作（collaboration）属于亲社会行为，往往与尊重、分享、团结、友爱、协作、共赢等词汇联系在一起，是指两个或两个以上的个体结合在一起，通过相互间的配合和协调实现共同目标的一种社会交往活动。合作能力是一种社会交往能力，是指在学习、生活、工作中，人们为追求共同的目标（如完成一项学习任务或者工作任务），而表现出的以一种协调的方式一起行动的综合能力。

　　人是社会关系的总和，人生在世，不论做人做事，都不能单打独斗，需要与他人合作。同舟共济、抱团取暖、家和万事兴、人多力量大、众人拾柴火焰高、和而不同美美与共等等说法，所表达的意思都是：合作重要，合作能力重要。

　　21 世纪是知识经济、全球化、信息化的时代，社会更加复杂多变和具有不确定性，社会流动性与全球流动性增强，各种棘手问题大量存在，人类需要加强合作才能解决问题、应对挑战。21 世纪对于人的合作能力提出了更高的要求，对于培养学生的合作能力也提出了更高的要求。

　　从国际国内看，合作能力越来越受重视，被列为 21 世纪核心素养或者关键能力。2017 年中共中央办公厅、国务院办公厅联合发布的《关于深化教育体制机制改革的意见》中，提出要注重培养支撑学生终身发展、适应时代要求的四个关键能力，其中之一就是合作能力："培养合作能力，引导学生学会自我管理，学会与他人合作，学会过集体生活，学会处理好个人与社会的关系，遵守、履行道德准则和行为规范。"

综合诸多国际组织、国家和地区在其核心素养框架中对于合作能力的描述，合作能力作为一种行为能力，包括以下要点。

第一，尊重他人，与他人建立良好关系。能够运用口头、书面、肢体语言等多种方式进行沟通，清晰明确地表达自己的观点，认真聆听并理解他人的观点。能够换位思考，对于不同的观点与价值观持开放态度，尊重、理解、包容思想观点和价值观的差异性与多样性，在不同社会文化环境中进行建设性的交流。充分尊重人权，尊重他人的价值观和隐私权，不歧视异性。

第二，做好任务管理，围绕目标开展工作。积极参与合作事务，善于进行团队合作，个人在团队工作中有效率、重质量，能批判性、创造性地反思，提出具有灵活性、富有建设性的新想法。根据任务目标，进行规划、计划和管理，确定工作重点和行动计划。能根据不可预见的发展状况进行监测，及时调整规划与计划。能及时交流合作进展，分析经验教训及目标达成度，协商制定今后的改进措施。

第三，做好冲突管理，促进团结协作。能够识别分歧，对问题进行优先性排序，运用人际交往技巧和问题解决技巧，有效化解冲突与矛盾。善于协商，能够综合各方观点做出决策，必要时通过妥协达成共识，求同存异，建立互信，协调众人力量以达成某个目标。在发挥影响力时，求团结，有公心，心中想着大多数人的利益；欣赏他人的成就成绩，激励他人为合作做贡献。

第四，做好自我管理，以身作则。自知自控，知道自己在团队中的角色与作用，知道自己的优势与不足。有同理心，能换位思考，能从他人的角度思考问题，能有效管控自己的情绪。积极主动，不敷衍塞责，不推卸责任，积极作为，负责任、有担当，在合作中自信、诚实、正直、无私，不贪功，不诿过，不迁怒于人，释放正能量，为他人做示范。意志坚定，不畏艰难，即便面临障碍与压力，也会为实现目标始终不渝、坚持不懈。

第五，能够运用技术手段，进行"非面对面"的合作。传统的合作模式，往往都是面对面的交流与合作。信息时代的到来，技术手段的进步，要求人们能够运用技术手段进行"非面对面"的合作。这种合作可以是跨学校、跨区域的，甚至是跨国的。

合作有利于完成任务目标，有"工具价值"和功利价值。但更重要的是，合作本身具有"内在价值"，合作让人抱团取暖、协力共进，使人不感无助、不再孤独，给人带来力量、带来温暖，让个体从群体与团队中获得智慧、友谊、勇气与力量。

合作能力并不仅仅是一些与人交往协作的技能，其背后蕴藏着深刻的价值观。如同联合国教科文组织在《反思教育——向"全球共同利益"的理念转变?》报告中所指出的，教育不仅关系到学习技能，还涉及尊重生命和人格尊严的价值观，而这是在多样化世界中实现社会和谐的必要条件，应将以下人道主义价值观作为教育的基础和目的：尊重生命和人格尊严，权利平等和社会正义，文化和社会多样性，以及为建设我们共同的未来而实现团结和共担责任的意识。

可见，合作的基础是尊重，合作的目标是达到和谐，洋溢的都是人道主义精神。由此观之，合作能力的重要性非同寻常，合作能力的培养至关重要。

培养学生的合作能力，要点有四。

第一，切实把培养学生的合作能力列为教育的重要目标。经济合作与发展组织最新发布的《PISA 2015 结果：合作解决问题》报告表明，日本、韩国、新加坡、芬兰和加拿大等国家的 15 岁学生，在合作解决问题评估中成绩名列前茅，中国四个省市（北京、上海、江苏和广东）参加 PISA 的学生，在合作解决问题方面表现不是很好。21 世纪的我国，在全球化背景下国际交往频繁，在城镇化背景下社会流动增加、社会矛盾叠加，学生合作能力培养对于国际交流、社会稳定、和谐社会建设至关重要。合作能力对于学生尤其是独生子女学生的精神成长也至关重要。

第二，改变教学方式和学习方式，倡导"合作学习"。合作能力需要在真实的合作中培养。学生的学习行为有三类：竞争学习、个体学习、合作学习。这三种学习方式对于学生来说都是必要的，但是从教育现实看，竞争学习占比最高，合作学习占比最低。研究表明，合作学习利于学生批判性思维的发展，利于学生社会性技能的培养；而且异质性的团队构成，会显著促进学生创新能力的发展。目前，我国一些中小学的合作学习流于形式。我们不需要表面化的合作学习，我们需要有深度、有长度的合作学习。合作学习要超越课堂，延伸到课堂教学的前与后，使合作真正有时间与空间发生，使学生对于某一问题、某一专题在分工合作的基础上形成深度认知。培养学生合作能力，各门学科都有责任，都需要积极推进合作学习。

第三，优化课程设计与活动设计。优化课程的比例结构与学生各种活动（社团活动、兴趣小组活动等）的比例结构，增加"合作类"的课程与活动，促使学生从个体参与状态走向合作状态。例如：项目学习、基于问题的学习、STEM（以及 STEAM 或者 STREAM）项目等都属于比较好的课程设计，有利于深度合作的发生与实现。另外，我们要更多地鼓励群体间竞争而非个体间竞争，群体间竞争建立在群体内个体合作的基础上，利于学生合作能力的培养。例如，群体性体育活动如乒乓球双打、篮球项目等，比个体性体育活动更有利于培养学生的合作精神。

（原文发表于《中小学管理》2018 年第 3 期）

活出自己：自主发展能力为何重要

　　当下，有不少学生没有干劲、没有斗志、没有主动性积极性，什么都无所谓，成为"佛系"小孩，让家长心急如焚，令老师忧心忡忡。如果每一个孩子都能积极主动、自信自觉、自知自强，不用扬鞭自奋蹄，不怕困难，百折不挠，充满生命活力与激情，那该多好啊！可以说，这是每一个家长、每一个老师的梦想。

　　这里所涉及的就是学生"自主发展能力"的问题。

　　自主发展能力是指一个人不靠外力推动而靠内在自觉促进自身发展的能力，主要包括如下几点。第一，自尊自信。相信天生我材必有用、我命由我不由天；乐观向上，相信自己是有力量的，可以改变自己、改变环境、改变社会。第二，自知自明。能正确认识和评价自己，了解自己的优势与不足，了解外部的机遇与挑战，积极预测，抓住机遇，确定目标与理想。第三，自我规划。能做好目标管理，有效平衡长期目标和短期目标，处理好战略和战术的关系。知道自己未来想要什么、现在该做什么，并清楚当前所为对于未来的意义。第四，自我调整。有较强的主动性、适应性与灵活性，能适应不同的角色和工作，能应对不断变化的外部环境，负责任地做出决策，及时调整个人目标、规划和计划。第五，自我控制。积极应对压力和挫折，有自制力和意志力，为达成重要目标付出努力，坚持不懈。能做好时间管理，珍惜时间，清楚过好每个"一天"，就是过好整个一生。第六，自我提升。能自主学习、终身学习，不断改进学习方式，持续提升个人素养，创造性地解决人生中的各种疑难问题。

可见，自主发展能力是一种综合性的行为能力，包括知情意行等多个维度。自主发展的人是理性派，研判形势，寻找策略，不盲目跟风，能反思自省。自主发展的人也是感性派，有情怀、有感情、有温暖，对清风明月、长河落日、花开花落、春暖秋凉、世事沧桑都感怀于心，不是冷冰冰的机器人。自主发展能力不是纯粹的理性算计，而是理智与情感的融汇、互惠，情感与感性为理性指明价值方向，也让人生更有趣味。

自主发展能力对于学生的意义，并不仅限于学习是否积极主动，更关涉学生一生能否奋发有为、能否可持续发展、能否为人生找到心灵港湾。

自主发展能力为人的发展提供动力。人们常说：能干事＋想干事＝干成事。如果一个人不想干事，那么纵使他有天大本事，也难以干成事。这足以说明内在动力的重要性。没有自主发展，就不能充分调动人的积极性和主动性，就不能最大限度地开发个体潜能，就没有人的充分而全面的发展。自主发展能力是人生的源头活水，像种子，像引子，生发出能力的枝繁叶茂、人生的绚丽多彩，能让一个人终身可持续发展，获得竞争优势与比较优势。

自主发展能力是其他能力发展的基础。自主发展能力是一种原发性能力，是"原能力""源能力""元能力"，引发牵动其他多种能力尤其是人的 21 世纪核心素养与关键能力（诸如创新能力、批判性思维、交流与合作能力）的生成与发展。创新能力被列为"核心素养的核心"，其形成与发展必须以自主发展为基础。从这个意义上讲，自主发展能力能让人在 21 世纪更好地生存与发展，能更强有力地支撑国家与民族的创新发展战略，工具价值巨大。

最为重要的，自主发展能力让人自我超越、自我实现，"活出自己"，为生命找到意义。活着，什么最重要？我们一生在尘世中挣扎，力求找到活着的意义。我是谁？我到哪里去？去那里有什么意思？这些问题，浸入骨髓，伴人一生。

一个人如果老是被动地活着，人生该是多么的黯淡。一个人做什么、不做什么，老是出于外在的威胁或者利诱，而不是发自内心的真正喜欢，是一种真正的悲哀。只有自主发展，走出被外部力量左右甚至奴役的被动状态，才算活出自我、活出真我，获得生命的乐趣与意义；才能感觉活得有意义有价值，每一天都活得值，每一天都活得好，欣喜地期待和迎接每一天的到来；才能活得有理有据、有情有义，活得自由自在、风生水起，活得磊落通透、不枉此生。

自主发展能力的意义，不仅仅在于获取外在的现实利益，考更高的分，赚更多的钱，更在于获得内在的生命意义，把握自己的人生。人生最大的乐趣不是超越别人而是超越自己，最大的需求不是荣华富贵而是自我实现。自我超越、自我实现的标准，不是战胜别人，而是关爱、帮助与提升别人，释放正能量，让自己人性的光辉绚丽绽放。用生命激发生命，用生命之火点燃生命之火，让生命之光照亮生命之光，让每个人都看到并相信自己的力量。英文歌曲《你鼓舞了我》（You Raise Me Up）讲的就是这种美好的生命体验与生命互动。

人生会碰到各种艰难险阻，自主发展能力强的人不会退缩和逃避，而是迎难而上，做战士，不做隐士，在与困难的斗争中、在对困难的征服中，展示和实现自己的价值，活出激情，活出浩气与豪气，活出自己的万丈阳光与一轮明月，在奋斗中体验生命的酣畅淋漓与自我超越。自主发展的人，心中有理想有梦想，为了实现理想即便屡战屡败，也虽败犹荣。

罗曼·罗兰说过：世界上只有一种真正的英雄主义，那就是在认清生活的真相后依然热爱生活。自主发展能力就体现了这种真正的英雄主义。

教育最重要的价值，不在于向学生灌输多少知识，不在于让学生考多少个高分，而在于点燃学生的生命之火，让生命之火一生熊熊燃烧，让学生发现自己、活出自己、热爱生活，不负青春、不负此生，做超越自我、点燃他人的英雄。

（如何培养学生的自主发展能力，请看下一篇文章《不用扬鞭自奋蹄：学生自主发展能力的培养》。）

（原文发表于《中小学管理》2018 年第 6 期）

不用扬鞭自奋蹄：学生自主发展能力的培养

　　自主发展能力是指一个人不靠外力推动而靠内在自觉促进自身发展的能力，它不仅能为人的发展提供动力，而且能让人自我超越、自我实现，"活出自己"，为生命找到意义（参见前一篇文章《活出自己：自主发展能力为何重要》）。

　　教育最重要的价值就是"煽风点火"，点燃学生的生命之火，让学生从内心深处获得不竭动力，让生命之火一生熊熊燃烧，不用扬鞭自奋蹄，不断超越自我、点燃他人。

　　培养学生的自主发展能力，至少要关注以下几个要点。

　　第一，切实把学生的自主发展能力作为培养目标，而不仅仅是达成目标的手段。我们往往把自主发展能力作为"手段"看待，认为其价值在于促进"培养目标"的实现。例如：学生只有自主发展而不是被动发展才能实现自己的全面发展、个性发展、可持续发展等目标。的确，自主发展能力是一种原发性能力，能引发牵动其他多种能力的发展。但是我们不能因此就把自主发展能力仅作为手段看待，实际上，自主发展能力本身就是教育目标、培养目标的重要组成部分。在工具意义上，它能使人有效应对 21 世纪不确定性的挑战；在价值意义上，它为人生提供动力与意义。

　　因此，教育界从各级政府到每位教师和学生，都应该看到自主发展能力对于学生无与伦比的重要价值，把自主发展能力作为教育目标中的优先性选项和基础性选项，并采用多种方式培育学生的自信自强、自知自明、自尊自控等多种自主发展能力。

第二，通过满足学生兴趣爱好给学生带来动力，促进学生自主发展能力的培养。我们要尊重和培养学生的兴趣爱好，给学生兴趣爱好的满足留出自主的时间与空间。题海战术、死记硬背、严苛管理，让学生"被学习""被成长""被发展"，学生在这种被动状态下没有自主发展的时间与空间，其自主发展能力的发展当然无从谈起。而对于自己感兴趣的事情，人们往往乐于积极主动去做，会沉浸其中，不知疲倦，不感到有负担，在这种状态中，自主发展能力才会得以发展。所以，让学生做感兴趣的事情，是促进学生自主发展能力培养的基本途径，对于低年级学生尤其如此。

学校要为学生提供具有选择性的课程与活动，以满足其个性化需要，并给学生提供多次尝试和体验的机会，让学生找到自己真正的兴趣爱好，真正"认识自己""发现自己""找到自己"。教师要和学生一起，帮学生找到自我、找到活着的乐趣与动力，知道自己喜欢什么、想要什么，这是培养学生自主发展能力的先决条件，也是教育民主精神与人道主义的本质要求。

第三，通过树立理想信念给学生带来更为强大的精神动力，并促进学生自主发展能力的培养。讲理想信念似乎显得有些空泛，但是理想信念的确是动力之源，是最强大的行为内驱力。刚烈志士不畏艰难、酷刑、死亡，至死不渝，是理想信念使然。和平年代虽然没有如此惨烈的考验，但是穿越庸常、琐碎、孤独、无奈，依然需要理想信念的力量，需要正确的人生观与价值观的指引。

人为什么活着？应该怎样活着？人的价值何在？当前我们的教育对于这些问题的回答、对于学生的引导，往往过于急功近利，动辄往学习成绩上去引导。这些做法可以为考试之"一时"提供动力，但是难以为人的一生发展提供不竭动力。人的成长必须有超越眼前现实利益的理性思考与情感体验，就有深度的人生而言，学生需要更深刻的、哲学层面的省思，正是这样的省思给人带来"诗与远方"。我们不要轻视无视学生的哲学思考。

理想信念、人生观、价值观，必须关涉自己与他人的关系，必须回答：他人对我而言，究竟是地狱还是天堂？人自主发展的崇高境界，不在于战胜别人，而在于提升别人，别人与你相处后变得更加有力量、更加完美，这是你真正的力量所在。人生的价值在于，在提升自己的同时提升别人、奉献社会。摆渡自己也摆渡他人，成就自己也成就他人。哪怕是一束微光，也能照亮身旁。自己生命的价值是让别的生命因为你而更加美好。

所以只有"不用扬鞭自奋蹄"是不够的，要有正确的价值方向。自奋蹄不要践踏别人而要成就别人，不是为了一己私利而是为了造福他人与社会。希特勒写有《我的奋斗》，一生斗志昂扬，也是一个"不用扬鞭自奋蹄"的人，但是方向错了。而 1835 年，17 岁的马克思就在他的高中毕业作文《青年在选择职业时的考虑》中这样写道："如果我们选择了最能为人类而工作的职业，那么，重担就不能把我们压倒，因为这是为大家作出的牺牲；那时我们所享受的就不是可怜的、有限的、自私的乐趣，我们的幸福将属于千百万人，我们的事业将悄然无声地存在下去，但是它会永远发挥作用，而面对我们的骨灰，高尚的人们将洒下热泪。"

学生兴趣爱好的呵护与培养、理想信念的激发与树立，是学生发展的"牛鼻子"，却是我们教育的"软肋"与短板，教育教学改革需要继续在此下更大气力。

（原文发表于《中小学管理》2018 年第 7 期）

核心素养是否过时：
关键能力能否取代核心素养？

最近教育界有传言，说上面不再提"核心素养"，改提"关键能力"了，所以核心素养过时了。例如：最近中共中央办公厅、国务院办公厅印发《关于深化教育体制机制改革的意见》，通篇没提核心素养，而是提出"要注重培养支撑终身发展、适应时代要求的关键能力"。实质上，"核心素养"与"关键能力"这两个词的内涵是一致的，对应的也是同样的英文词，即"key competencies"。不管大家提与不提、怎么提，一个现实的问题不容回避：面对知识经济、信息化、全球化的 21 世纪，为应对复杂、多变、不确定的外部世界，青少年应该具备哪几个"关键少数看家本领"？

世界诸国与国际组织正是基于这一背景才研究与提出核心素养框架的。核心素养是国际教育改革的热点问题，反映了全球范围内教育质量转型升级、教育目标更新换代的时代要求。中国的教育改革与发展，不应该脱离国际背景，不应自外于国际潮流与趋势。因此，在我国，核心素养不仅应该提，而且应该大提特提。至于提法的不同，甚至换个"关键能力"的提法，只是形式问题，实质上关系不大。

同时，从实践层面看，关于核心素养的研究在不断深化，各个学科都在研制各自的学科核心素养，目的都在于让核心素养落实落地。在此背景下，如果官方对于"核心素养"猛然刹车，那么势必造成实践领域严重不适，进而前功尽弃。

核心素养是面向 21 世纪的素养，当前没有过时，再过几十年也不会过时。换种表达方式亦无不可，但改弦更张实无必要，目前的要务与急务是把核心素养落实到具体的教育教学活动中。

如何落实？要点有三。

其一，教育目标需要升级并进行结构性调整。核心素养不是基础素养，是高级素养。我们应在抓好基础素养培养的同时，重点提升学生的高级素养。当前存在一个普遍性的误解，即认为重要的素养就是核心素养，这种看法是错误的。基础素养如基本的读写算、开车遵守交通规则、不随地吐痰，都是非常重要的素养，因为基础不牢地动山摇，但这些并不是高级素养，不属于核心素养。要应对 21 世纪的复杂性、多变性与不确定性，人只具备基础素养是不够的，需要拥有高级素养即核心素养。

当下，一些地区与学校主要致力于提高学生的应试技能，应试技能的核心是记忆能力。在"认知能力"的谱系中，记忆能力排在最低端，属于低级认知能力；而创新能力和批判性思维排在高端，属于"高阶认知能力"。以记忆力为核心的应试技能，对于增进国际竞争力没有实质价值，因为记忆只能"记已有的知识"，而各国竞争拼的是"谁先拥有新的知识和技术"，拼的是创新能力和高阶思维。

教育目标升级，不是说要弱化基础素养，而是说要强化高级素养。要把教育目标升级落到实处，需要改变评价和考试方式，把核心素养特别是其中的创新能力作为重要的评价内容与考试内容，发挥"指挥棒"的引导作用，让学与教更多关注高级素养的培育。

其二，课程内容要与核心素养精准对接。教育目标升级必然要求课程内容结构调整。当前中小学的课程内容的关键问题，不是内容本身"多与少"的问题，而是课程内容与核心素养（即教育重点目标）的联系程度"紧与松"的问题。课程内容即便很多，如果其中关于创新能力培养的内容缺失或者严重不足，甚至充斥的都是应试的内容，那么这种课程结构显然是不合理的。课程内容是为教育目标服务的，是培养目标的分解与细化。当前的中小学课程内容偏多，需要瘦身，更需要根据培养目标对高级素养的强调，进行课程内容的结构性调整。课程内容不是越多越好，而是越"准"越好。"量少而精准"比"量大而杂乱"更有利于实现教育目标，更有利于减轻师生负担。

其三，"教与学"的方式要与核心素养培育精准对接。当前落实核心素养时一个最大的误区是忽视教学方式与学习方式变革的重要性，实际上，落实核心素养，教法、学法比教材更重要。培育核心素养，在教学方式上，需要倡导启发式、深究式、讨论式、参与式教学，激发学生的好奇心，培养学生的兴趣爱好，营造独立思考、自由探索、勇于创新的良好环境。在学习方式上，要让学生学会发现学习、合作学习、自主学习。核心素养中有两大超级素养：一是创新能力，体现"聪明的脑"；二是合作能力，体现"温暖的心"。教学方式中的启发式、探究式教学，主要对应的是创新能力的培养；讨论式、参与式教学，主要对应的是合作能力的培养。而学习方式中的发现学习直接对应创新能力的发展，合作学习直接对应合作能力的培养。上述教学方式与学习方式，是任何学科的教学都需要采纳的，是跨学科的，具有很强的普适性。

核心素养的培育，只有落实到教与学的每一个细节中，才算真正落实到位。如果教师用压制的方式去培养学生的创新能力、用冷酷的方式去培养学生温暖的心、用专断的方式去给学生讲关于民主的知识，那么结果只能是南辕北辙。正是在此意义上，我们说：教法比教材更重要。

（原文发表于《中小学管理》2017 年第 10 期）

解读关键能力

近期，中共中央办公厅、国务院办公厅印发了《关于深化教育体制机制改革的意见》（以下简称《意见》），明确提出"要注重培养支撑终身发展、适应时代要求的关键能力。在培养学生基础知识和基本技能的过程中，强化学生关键能力培养"，并进一步指出要培养四种关键能力，即认知能力、合作能力、创新能力、职业能力。

我认为，这是几十年来政策文本对于学生能力发展的"重点"到底应该是什么的最好表述，也是迄今为止最合乎学理、最简明扼要、最切中要害的表述。

第一，这种表述是目前最合乎学理的表述。

《意见》把能力予以分层表述，而不是把诸多素养或者素质"一锅煮"，合乎学理。

从学理上讲，在 21 世纪，一个人一生中需要具备三类素养。（1）共同素养中的基础素养，如基本的读写算能力，如遵守交通规则、不随地吐痰、不乱丢垃圾等现代生活素养。（2）共同素养中的高级素养，如创新能力、批判性思维、合作能力、交流能力、自主发展能力、信息素养等。在 21 世纪，一个人只具备基础素养是不够的，只有具备这些高级素养才能应对挑战。这些素养，也被称为

"核心素养"或者"关键能力"，对应的是同样的英文词"key competencies"。所以，读者把关键能力等同于核心素养就可以了，免生误解。（3）职业素养，即从事某种具体职业需要具备的专门素养。医生、建筑师、会计师、教师等隔行如隔山，职业素养相差很大，且不能够互相替代。

《意见》中的"基础知识和基本技能"属于基础素养，认知能力、合作能力、创新能力属于核心素养，职业能力属于职业素养。《意见》的表述，层次分明，不仅区分了基础素养与高级素养（关键能力），也区分了专门的职业素养与跨界的核心素养（不论从事什么行当都需要具备跨界的核心素养即认知能力、合作能力、创新能力）。由于职业能力主要属于职业教育和高等教育的培养目标，本文不多关注。

第二，这种表述是当下最简明扼要的表述，真正把握住了"关键"的能力。

基础教育既要培育基础素养，也要培育高级素养，即核心素养或关键能力。何为核心与关键？在基础教育阶段，《意见》要求培养学生的三种关键能力，并提出了具体要求："培养认知能力，引导学生具备独立思考、逻辑推理、信息加工、学会学习、语言表达和文字写作的素养，养成终身学习的意识和能力。培养合作能力，引导学生学会自我管理，学会与他人合作，学会过集体生活，学会处理好个人与社会的关系，遵守、履行道德准则和行为规范。培养创新能力，激发学生好奇心、想象力和创新思维，养成创新人格，鼓励学生勇于探索、大胆尝试、创新创造。"

需要注意的是，《意见》中的认知能力不是"基础性"的认知能力，不是记忆力，而是高级的认知能力，主要涉及思维能力、交流能力、自主发展能力。独立思考、逻辑推理、信息加工都属于思维能力。培养思维能力要求"有脑好好想"而不是"有脑好好背"。思维是高级的认知过程，是信息加工过程，而不是机械简单记忆这种低级的认知过程。语言表达和文字写作的素养属于交流能力，要求不论是口头交流还是书面交流，都要讲道理，要"有话好好说"。学会学习、终身学习本质上是自主发展能力。这世界变化快，在学校中学习的知识在职业生涯中是远远不够用的，一个人需要自主学习、有效学习、终身学习才能持续发展，要"活到老学到老"。

综上，《意见》强调的是五种能力：思维能力、交流能力、自主发展能力、创新能力、合作能力。这些能力正是诸多国际组织与世界各国所共同关注的核心素养或者关键能力，是 21 世纪学生能力发展的关键领域；是全面发展、素质教育、三维目标、综合素质的聚焦版与升级版，让教育工作者能够把握住教育目标、培养目标的重点。

我们常常说"能力为重"，但到底哪几个能力是重中之重，是关键能力，并不清楚。过去对于学生能力的表述，有时失之于宽（如全面发展、综合素质），有时失之于窄（见后文）。此处的表述，不是泛泛而谈，比较精准。

2016 年 9 月我国发布的《中国学生发展核心素养》，内容比较宽泛，需要进一步突出重点。《意见》是对此的改进，我们可以把《意见》中对于关键能力的表述看作《中国学生发展核心素养》的简约版、升级版。

第三，这种表述是当前最切中要害的表述，突出了两大"超级素养"即创新能力与合作能力。

这是我国政策文件第一次把二者并列提出且精准表述，把握住了 21 世纪对于人的素质的核心要求，是非常可贵的。

笔者在多篇文章中，把诸多核心素养最后聚焦为两大超级素养即"创新能力"与"合作能力"。21 世纪的社会更加复杂、变化更快、竞争加剧、不确定性增强，唯有"创新+合作"才能有效应对。创新能力是智慧（智商）的集中体现，意味着"聪明的脑"；

合作能力是情商的集中体现，意味着"温暖的心"。

众所周知，全面发展永远正确，但是全面发展也要有重点，不能没有边界、漫无边际。世纪之交，各国都在探索人最为核心与关键的"素养"或者"能力"应该是什么，我国也不例外。1999 年中共中央、国务院《关于深化教育改革全面推进素质教育的决定》要求"以培养学生的创新精神和实践能力为重点"。2010 年《国家中长期教育改革和发展规划纲要（2010—2020 年）》要求"着力提高学生的学习能力、实践能力、创新能力"。2012 年党的十八大报告要求培养学生创新精神。这些表述都很好，但仍有改进余地，都没有《意见》的表述那样精准地聚焦于创新能力与合作能力。实际上，创新能力在表述上显然比创新精神好，而且创新精神与实践能力也不是并列关系，而是交叉关系。

中国的基础教育存在的一个严重问题是：学生的素质中存在"结构性失衡"，亦即基础素养特别是基础知识的教育严重过度，而高级素养（关键能力）特别是"超级素养"的培育严重不足。《意见》的一个重要贡献就是说清楚了到底何为关键能力，尤其是突出了两大"超级素养"；说清了学生素质发展的重点，而且真正说到了点子上。这些表述既符合学理、符合国情，又有国际范儿，吸收了国际上核心素养研究的精华，真心点个赞！

（原文发表于《中小学管理》2017 年第 11 期）

再谈核心素养与关键能力

关于核心素养，我已经写了若干篇文章，实在是不想再写了。但《核心素养是否过时：关键能力能否取代核心素养?》一文发表后，引发了一些讨论。大家对某个问题有不同的观点，很正常，是好事情。但是也有读者对此有些误解甚至曲解之处，非我本意，我想在此再略做说明。

读者的不同看法主要有以下几点。

其一，认为核心素养与关键能力是对立关系。如有人认为核心素养过时了，已经被关键能力所取代，理由是新文件即中共中央办公厅、国务院办公厅印发的《关于深化教育体制机制改革的意见》（下文简称《意见》）通篇未提核心素养，提的只是关键能力。他们认为官方承认与推广的只是关键能力，而非核心素养；进而认为我继续谈核心素养就是反对关键能力。他们似乎认为核心素养的概念是由北京师范大学课题组提出的，属于民间行为；而关键能力才是官方提的，才是正宗的，才体现了国家的意志。

这种说法没有依据。因为我在文中已经很明确地提出："实质上，'核心素养'与'关键能力'这两个词的内涵是一致的，对应的也是同样的英文词，即'key competencies'。"我的提法如此明确，何谈以核心素养反对关键能力？至于人们在工作中喜欢用哪一个词，各有所好。我祈望的是，广大校长和教师在实际工作中，不要把二者看成对立的东西，尤其不要认为风向变了而心生犹疑并出现慌乱，从而否定自己过去几年来围绕核心素养所做的大量工作。

实际上，核心素养本身就是官方明确提出的概念。2014 年 3 月 30 日教育部发布的《关于全面深化课程改革落实立德树人根本任务的意见》明确提出"核心素养"的概念（前后有五次之多），如"研究制订学生发展核心素养体系和学业质量标准""教育部将组织研究提出各学段学生发展核心素养体系"。也正是这一个文件，引发了国内大量的对于核心素养的探索与研究，包括北京师范大学课题组的研究。研究核心素养、推进核心素养的培育，都充分体现了国家意志。

其二，有人认为我所主张的核心素养包罗万象，难以落地，而《意见》提出的关键能力简明清晰，便于落实，甚至认为我强调核心素养的重要性是在为北京师范大学课题组辩护甚至辩解。

实际上，我一直强调核心素养在内容范围上，不能面面俱到，必须是"关键少数"。如我在《核心素养的核心与教育工作的重心》（见本书第74—76页）中明确提出，核心素养不是综合素养、全面素养，而应是"关键少数"素养。核心素养或者关键能力从字面上看，要解决的不是"全面发展什么"的问题，而是"重点发展什么"的问题。在综合国内外关于核心素养框架研究的基础上，我所认为的核心素养清单包括创新能力、批判性思维、公民素养、交流能力、合作能力、信息素养等六个方面，进而又聚焦为"两大超级素养"即创新能力与合作能力。

因此，我对于《意见》中提出的几个"关键能力"是高度认同的，并撰文《解读关键能力》（见本书第 113—116 页），认为《意见》是几十年来政策文本对于学生能力发展的"重点"到底应该是什么的最好表述，是迄今为止最合乎学理、最简明扼要、最切中要害的表述。

同时，我也不是北京师范大学"中国学生发展核心素养"研究团队的成员，把我个人的观点与该研究团队的观点混为一谈，是张冠李戴之举。

其三，还有人认为核心素养与关键能力不是等同关系，而是包容关系，前者包含后者，不能混为一谈。其依据是当前颇为流行的一个定义：学生发展核心素养，主要指学生应具备的，能够适应终身发展和社会发展需要的必备品格和关键能力。

我对此定义有不同看法。我在《核心素养是"行为能力"而非纸上功夫》（见本书第 62—64 页）中提出，素养（competencies）是行为能力，是人在真实情境中做出某种"行为"的"能力"，而任何行为都不是单一维度的知识（knowledge）、技能（skills）、态度（attitudes）所能支撑的，是对三者的超越和统整。素养＝（知识＋技能）^{态度}，亦即 C＝（K＋S）^{A}。此处的"态度"属于非智力因素，就是"品格"。也就是说，核心素养或者关键能力是把"态度"或者"品格"包含在内的。

对于素养的这种界定，就要求用"行为能力"或者"能做……事"来表述某种核心素养的名称。例如：经济合作与发展组织将九个方面的核心素养都表述为"能够做……"［the ability to（do something）］。此处的"能力"即行为能力，其含义比技能要宽，是技能、知识、态度的复合体。因此，我们常常用"××能力"来表述某种素养，如创新能力、合作与沟通能力等等。

希望大家今后不要就核心素养与关键能力这两个概念聚讼不休了，使用哪个真的无所谓，重要的是"如何培育"这两个概念所包括的那些素养与能力，尤其是创新能力与合作能力这两个超级素养。

（原文发表于《中小学管理》2017 年第 12 期）

只讲“核心素养”是不够的

2016 年，“核心素养”这个词在中国教育界火得一塌糊涂，人们把诸多美好辞藻与深厚期待都给了核心素养。在教育目标研讨中，核心素养大有取代综合素质、三维目标、全面发展、素质教育之势，似乎教育的全部使命就在于培育核心素养。在基础教育领域，这种情况尤甚。我们不禁要问：一个人，如果只有核心素养而不具备其他素养，是否足以在 21 世纪安身立命、工作顺利、生活幸福？核心素养是否是一个人素养的全部，是否是教育目标的全部？答案是否定的。

人只有核心素养是不够的，教育只讲核心素养是不够的。

核心素养不能作为教育目标的全部，核心素养只是教育目标的重要组成部分。

核心素养是在 21 世纪人人都需要具备的“共同素养”。综合诸多国际组织、国家和地区的核心素养清单，创新与问题解决、批判性思维、合作与交流、信息技术使用等素养，是各方都高度认同、形成共识的“21 世纪关键少数素养”，这些素养是一个人在 21 世纪获得个人成功并奉献社会最为重要的“共同素养”。正因为如此，核心素养并不只是针对中小学生的，更是面向人人的，实为“国民核心素养”。培育核心素养，不仅是中小学的重要目标，也是学前教育、职业教育、高等教育、继续教育的重要目标，是所有类别教育的"共同目标"。

但"共同目标"不等于"全部目标"。核心素养既不是基础教育的全部目标，也不是职业教育或者高等教育的全部目标。任何阶段的教育目标如果把核心素养作为全部，那么必定在逻辑上和实践上走向错误，不能够体现出不同教育类别的独特性与异质性。

核心素养不是人的素养的全部。一个人活在世上，做事做人，从事某种职业养家糊口，需要具备两类素养：一类是人人都需要具备的"共同素养"；另一类是从事某种具体职业需要具备的"专门素养"（或者叫职业素养、专业素养）。核心素养与二者是什么关系？

核心素养属于共同素养，但不是共同素养的全部内容，只是共同素养中能适应 21 世纪挑战的"高阶素养"或者"高级素养"。共同素养中，除高阶高级的核心素养外，还有更为基本的"基础素养"。

2015 年联合国教科文组织发布的研究报告《反思教育：向"全球共同利益"的理念转变?》提出，所有青年都需要具有三类素养：

（1）基础素养（foundation skills），主要指在日常生活中所需要的素养，如基本的读写算能力，如遵守交通规则、不随地吐痰、不乱丢垃圾等。

（2）跨界素养（transferable skills，也可以译为"共通性素养"），是指可以迁移和适应不同工作需求及环境的素养，如分析解决问题的素养、有效交流思想和信息的素养、创新和创造的素养等。

（3）职业素养（technical and vocational skills），是指从事特定职业所需要的专门性素养，如医生、建筑师、会计师、教师等特定职业都具有不同的职业要求与专业标准，相互之间有很大差别，不可彼此替代。

此处的基础素养和跨界素养属于人人都需要具备的"共同素养"，职业素养属于"专门素养"。"共同素养"中的跨界素养即为"核心素养"。

如同《反思教育：向"全球共同利益"的理念转变?》所强调的，跨界的核心素养实为职业适应素养（career-adaptive competen-cies），可以大大提升一个人在劳动力市场的适应能力。但我们绝不能因此而否定基础素养和职业素养的重要性。三者共同构成一个人素养的全部内容，构成教育目标的全部外延。如果把核心素养作为教育目标的全部，那么必然会使"教育目标窄化"。这种倾向在基础教育领域已经存在，如同把应试技能作为基础教育目标的全部所导致的"教育目标窄化"是一样的。

基础教育的目标是"基础素养+核心素养"。二者不是对立排斥的关系，而是相得益彰的关系。基础素养是核心素养的基础，"基础不牢，地动山摇"。例如，没有基本的母语、外语的读与写的素养为前提条件，高水平的交流素养就不可能形成。

在核心素养"风风火火""轰轰烈烈"的当下，基础教育一定要为学生高级素养的形成奠定坚实的基础，"基础教育的基础性"需要被大力强调，"基础素养的重要性"需要在核心素养的视角下被重新认识。

只强调核心素养，不强调基础素养，对基础教育不是福音，而是噩耗甚至是灾难。这会对一线教师产生错误的导向，会导致基础教育基础性尤其是小学阶段教育基础性的异化。

在 21 世纪，不讲核心素养是不对的。但是，只讲核心素养是不够的，也是不对的。

（原文发表于《中小学管理》2016 年第 9 期）

第 三 编

推进核心素养导向的课程与教学改革

素养导向是新课标的灵魂，只要牢牢把握住核心素养这个纲，其他问题如课程内容的处理、教学方法的选择、考试评价的优化等就易于解决了。

推进"素养导向"的义务教育课程建设

目前，2022 年版义务教育课程方案和课程标准已经发布。新课程方案的一个显著特征就是"素养导向"，聚焦核心素养、面向未来是义务教育课程建设的五个基本原则之一，素养导向贯穿于课程编制、课程实施的全过程。

什么是课程建设的素养导向

素养导向的课程建设，就是指课程建设要以培养学生的核心素养为方向、为目标。素养与知识不同，素养是对知识、技能、态度的超越和统整，是人在真实情境中做出某种"行为"的能力或素质。任何行为都不是单一维度的知识、技能、态度所能支撑的，需要三者统合方能达成。通俗地讲，素养指的是"会做事"，能在现实情境中解决真实问题，而不是纸上谈兵只"会做题"。人的一生所作所为，不是做题，而是做事，会做事比会做题更重要。教育要培育学生终身发展所需要的素养，"唯分数""唯升学"不利于学生的可持续发展。素养导向充分体现了学生的长远利益与根本利益，是为学生漫长人生的"一世"着想，而不是只为中高考"一时"着想。

人活一生需要很多素养，要突出其中的"核心素养"的培育。准确地说，素养导向的实质是"核心素养导向"。核心素养是使个人在 21 世纪能够成功生活、能够适应并促进社会进步的为数不多的关键素养。

新课程方案要求坚持素养导向，依据学生终身发展和社会发展需要，明确育人主线，重视核心素养培育。义务教育阶段的每一门课程，都需要凝练自身所要培养的核心素养，体现课程独特育人价值和共通性育人要求，形成清晰、有序、可评的课程目标。

核心素养的具体内容与维度，既要体现全球趋势，也要体现国情要求。创新能力、批判性思维、公民素养、合作与交流能力、自主发展能力、信息素养等素养，是国际上具有最大共识的核心素养。新课程方案强调课程的综合化、实践性，重视培养创新精神、实践能力与真实情境下的问题解决能力。在激烈的国际科技竞争背景下，我国作为最大的发展中国家，与发达国家相比，学生创新能力的培养尤为迫切。此外，我国对学生的政治素质、思想品德方面还提出体现国情的要求。课程建设要以核心素养为中心展开，要为培育学生的核心素养服务，"从知识到素养"是教育改革尤其是课程改革的方向。

课程建设为什么要坚持素养导向

课程建设以核心素养为导向，是提升我国国际竞争力、推进我国社会现代化的需要。为应对 21 世纪知识经济、全球化、信息化的挑战，20 世纪 90 年代以来，一些国际组织及许多国家和地区相继提出核心素养框架。世界范围内的核心素养热潮实质上是教育质量的升级运动，是国际教育竞争的集中反映。国民的核心素养决定一个国家的核心竞争力与国际地位。我国的社会发展目标是建成富强民主文明和谐美丽的社会主义现代化国家，要实现这样一个宏伟目标，必须大力提升国民素质，尤其要提升国民的核心素养。一位思想家曾经说过：渺小的人民是不能完成伟大的事业的。

　　课程建设以核心素养为导向，是促进人的全面发展、促进人的现代化的需要。核心素养不同于全面发展（素养），是全面发展（素养）中的关键素养、重要素养，是能应对 21 世纪挑战的高阶素养（如创新能力、合作能力等），不同于重分数轻品德的片面发展。核心素养与五育并举的全面发展并不矛盾，但它所强调的不是并举或全面，而是要求明确"每一育"中的重点素养是什么。比如智育中记忆能力和创新能力哪个是重点？德育中听话与合作哪个是重点？通俗言之，核心素养就是为全面发展"划重点"，划出时代所需要的关键素养。核心素养是 21 世纪人的现代化、人的现代素质的集中体现。教育要为提升国际竞争力服务、为国家现代化建设服务，首先要促进人的现代化。简而言之，人的现代化对推动国家现代化具有"工具价值"，但是不能只是强调工具论与社会本位论。人的现代化、人的全面发展本身就具有"内在价值"，是对崇尚权威、迷信鬼神、自私保守等传统人格特征的超越，是对片面发展、唯分数、唯升学的纠偏，有利于提升人的积极性、主动性、创造性，有利于促进人的自由与解放，有利于人的本质的实现。

　　课程建设以核心素养为导向，是建设教育强国、加快推进教育现代化的需要。改革开放 40 多年来，我国教育取得历史性成就，突出表现为两点：一是建成了世界上"规模最大"的教育体系，二是总体发展达到世界"中上水平"。但是教育发展也存在"大而不强"、现代化水平不高、拔尖创新人才不足、诺贝尔奖自然科学类奖项严重稀缺等问题。"钱学森之问"有待破解，培养目标、课程内容、教学方式、评价方式、教师素质都需要改进，而教育改进的突破口、关键点、切入点，就是旗帜鲜明、大张旗鼓地推进素养导向的教育改革。核心素养是一个统领教育改革的上位概念，能引领并拉动课程教材改革、教学方式变革、教学质量评价、教师专业发展等关键教育活动，不仅有利于解决课程建设中存在的问题，而且对于消除教育顽瘴痼疾、促进教育高质量发展、加快推进教育现代化至关重要。我国的教育改革尤其是课程改革，必须积极应对时代挑战，坚持素养导向。只有这样，才能把握世界基础教育改革动态与前沿，才能提升我国义务教育课程国际竞争力。

如何推进素养导向的课程建设

第一，以核心素养为导向开发课程体系。课程是为落实培养目标服务的。课程标准研制、教材开发、课程资源建设，都要紧扣核心素养这个育人目标，都要与核心素养精准对接，并以此为中心，不断精简内容，优化结构，加强跨学科学习，做到减负增效。新课程方案明确提出"基于核心素养培养要求，明确课程内容选什么、选多少"，注重与学生经验、社会生活的关联，加强课程内容的内在联系，突出课程内容结构化，探索主题、项目、任务等内容组织方式。

第二，以核心素养为导向深化教学改革。满堂灌、死记硬背、题海战术等传统教学方法是难以培育出学生的核心素养的。新课程方案要求准确把握课程要培养的学生核心素养，明确教学内容和教学活动的素养要求，改革教学过程和教学方法，把核心素养的培养落实到具体教育教学活动中。培育学生的核心素养，尤其是培养其创新能力与批判性思维，需要运用启发式、探究式、讨论式、参与式等多种教学方式，激发学生的好奇心，培养学生的兴趣爱好，为学生营造独立思考、自由探索、勇于创新的良好环境。

第三，以核心素养为导向改革考试评价方式。广义的评价包括考试、测验、操行评定、综合素质评价等。评价是个"指挥棒"，用好这个指挥棒，将会倒逼教学过程、教学内容发生深刻变化。评价要从考知识向考素养转变，将核心素养转换为可观察的外显表现，进而开发相应测量工具，通过终结性、表现性评价等形式对核心素养开展评价。考试评价改革必须强化素养导向，明确核心素养发展水平与关键表现，注重对正确价值观、必备品格和关键能力的考查，注重对价值体认与践行、知识综合运用、问题解决等表现的考查，全面推进基于核心素养的考试评价，建立有序进阶、可测可评的学业质量标准，强化考试评价与课程标准、教学的一致性，促进"教、学、评"有机衔接。

第四，以核心素养为导向提升教师素质。根据学生核心素养培育的要求，我国教师培训应进行整体变革，教师培训的目标、课程、模式等需要重新建构。教师培训目标要紧扣学生培养目标展开，把"让学生切实获得核心素养"或"会培养学生的核心素养"作为教师培训的首要和主要目标，并在此基础上重新构建培训内容、完善培训方式。

我国在义务教育课标的修订中，充分发挥了核心素养对于课程建设的指挥棒作用，把素养导向的课程理念充分细致地落实在每一个学科的课程目标、课程结构、课程内容、教学建议、学业评价中，并对教师培训提出了相关建议。纲举目张，素养导向就是"纲"，以此为统领，基础教育课程建设才会有主线、有灵魂，才能目标更精准、结果更有效。

（原文发表于《中小学管理》2022 年第 5 期）

以现实主义态度落实义务教育新课标

　　近期，对义务教育新课程方案和新课标的各种解读颇多，提出了很多新要求，给老师们带来了不小的压力。众所周知，新课标是需要每个学科都扎扎实实去落实的，落实新课标是一场持久战，对每一位老师而言，是一种持续的压力。一些中小学校长和教师认为，"双减"已经让老师们感到压力很大，再加上落实新课标就是重上加重，因此对落实新课标有畏难情绪。这是当前落实新课标必须面对的实际情况，不能无视也不能回避，我们需要以现实主义的态度落实新课标。

　　以现实主义的态度落实新课标，首先要从主观上克服畏难情绪，不要被名目繁多的解读所吓倒，要能举重若轻地看待新课标的新要求，化繁为简，把握基本精神，把新课标的理想主义要求与工作实际对接起来，处理好理想主义与现实主义的关系。

　　新课程方案与新课标体现的是一种"核心素养导向"的教育理想，但是这个理想并不是遥不可及的乌托邦，而是有多年的实践基础，它是对以往"双基"目标、三维目标的升级，是素质教育的延续，是2016年《中国学生发展核心素养》颁布后落实核心素养培养行动的继续，不是对过去教学改革的否定，更不是对现实教育的废弃。对每一位教师而言，落实新课标意味着在现实基础上把握住新课标的基本精神即"新在何处",再"向前一步"就行了。

新课程方案和新课标"新在何处"?

笔者先后作为课标修订指导组、综合组成员,全程参与了课标修订工作,新课程方案和新课标颁布后,也通过写文章、上电视对其进行过解读,对"新在何处"深有体会。这里的"新"主要体现在四个方面。

一是"高",课程目标更高了。新课标以培养学生一生都需要的核心素养为目标,在坚持"全面发展"的基础上,突出"重点发展"哪些关键素养,从"会做题"转向"会做事",从"分数挂帅"走向"创新为王"。素养导向是新课标的灵魂,只要牢牢把握住核心素养这个纲,其他问题如课程内容的处理、教学方法的选择、考试评价的优化等就易于解决了。

二是"优",优化了课程结构。新课标对课程进行九年一贯制设计,纵向优化了课程内容,如一年级开始开设科学课,直到九年级(初中分设为物理、化学、生物);道德与生活、道德与社会、思想品德三门课程统一为"道德与法治",进行九年一体化设计。同时,每一门学科注重大单元、大概念等的设计,加强教学内容的综合性呈现,利于学生掌握知识结构而非碎片化的知识点或考点。

三是"实",强调实践教学。核心素养是"会做事"的素养,而会做事只靠纸上谈兵是学不会的。新课标强调知行合一、学以致用,倡导做中学、用中学、创中学,注重引导学生参与学科探究活动和跨学科实践,让认识基于实践并通过实践得到提升。

四是"细",细化了对于教与学的要求。新课标解决了老课标对"学到什么程度"缺乏具体规定、教师把握教学的深度与广度缺少科学依据、课程实施要求不够明确等问题,研制了学业质量标准,来引导和帮助教师把握教学深度与广度,增加了教学、评价案例，不仅明确了"为什么教""教什么""教到什么程度"，而且强化了对"怎么教"的具体指导，便于老师们落实新课标。

通过以上分析可以发现，新课标并不神秘，它体现了义务教育课程的新理想，但并没有脱离现实，而是为了更好地服务现实。就上文提到的"优"与"细"而言，新课标是更有利于老师们实施教学的，比老课标更好用，更接地气。同时也必须看到，"高"与"实"，即素养导向与强调实践，的的确确对老师们提出了严峻的挑战。但是，我们也不要过于夸大这个挑战，不要把培养核心素养看作遥不可及的目标，只要处理好以下几对关系，在现有基础上、在"现实"基础上再"向前一步"，就算是落实新课标的初步行动了。落实新课标的难度一定要控制在"跳一跳，摘桃子"的范围内，不要对老师们提出不切实际的过高要求。这是现实主义态度的基本内涵，也是实事求是的具体表现。

以现实主义态度落实新课标，需要处理好以下几对关系

其一，处理好知识与素养的关系，不要把知识与素养对立起来。素养是做事的能力，是对知识、技能、态度的统整与超越，素养与知识是包含关系，素养包含知识。教知识与教素养不是对立关系，知识教得好，有利于素养的形成。没有知识作基础，素养就成为空中楼阁。严格地讲，"从教知识转向教素养""从考知识转向考素养"等说法是不严谨的，是不对的，严谨的说法应该是"从单纯教知识转向教包括知识、技能、态度在内的素养""从单纯考知识转向考包括知识、技能、态度在内的素养"。近几年来，由于素养导向成为强势话语，不少老师尽管内心很清楚基础知识对于学生一生发展、全面发展的重要性，也不敢倡导尤其是公开倡导基础知识的重要性。

其二，处理好记忆能力与创新能力的关系，不要把记忆与创新

对立起来。创新能力是核心素养的核心，对国家发展和个人发展都特别重要，于是出现了过于抬高创新能力、贬低记忆能力的风潮，这在实践上是有害的，在理论上也是讲不通的。在认知能力的清单中，尽管记忆排在最下面，创新排在最上面，但二者都是认知能力的有机组成部分，而且记忆是创新的基础条件，一个没有记忆力、大脑空空的人是不可能产生创新的，创新无非是大脑将记住的知识进行新的"链接"。没有知识作基础，没有记忆来加持，创新能力就只能是虚无缥缈、看上去很美的海市蜃楼。

其三，处理好单科教学与跨学科教学的关系，不要把单科教学与跨学科教学对立起来。现在综合实践活动、项目化学习、STEM或STEAM教学等跨学科教学很时髦，它们的确有利于培养学生的创新能力、批判性思维、问题解决能力等高阶认知能力。新课程方案要求每个学科拿出10%的课时开展跨学科教学，就体现了重视高阶认知能力培养的导向。但是千万不要将这些与单科教学对立起来。老师们的大部分时间是在从事单科教学，学生的发展主要靠占到课时总量90%的单科教学，所以不能贬低单科教学的价值，要拿出主要精力改进单科教学。单科教学在夯实基础知识的同时，也要积极培养学生的创新能力、批判性思维、问题解决能力等高阶认知能力。当下，在不少人的眼中，跨学科教学很高大上，是与培养高阶认知能力挂钩的，而单科教学则低端俗气，只是与传统的知识传授相联系。这种认识无疑是极其错误的。教好自己的那门课，是教师最重要的工作任务。

其四，处理好传统教法与新式教法的关系，不要把新旧教法完全对立起来。探究式教学、发现式教学、讨论式教学、参与式教学等教学方式，发现学习、合作学习、自主学习等学习方式，都是需要大力推广的新的教与学的方式，但是不要视背诵、练习等传统方式为寇仇。这些传统的教与学方式依然很有价值，必要的背诵（记忆）、适度的练习（做题）永远必不可少，熟能生巧是一切学习的基本规律。一些实证研究表明，探究法、发现法在促进学生学习基础知识方面效果较差，尤其是对知识基础差、能力比较弱的学生不仅无效，甚至有害。即便是基础好的学生，也不能只是使用探究式、发现式、讨论式、参与式等教学方式，如果这样，可能基础好就变成基础差了。

其五，处理好教与学的关系，不要把教师的教与学生的学对立起来。强调学生的学，尤其是强调学生的有效学习、深度学习，是正确且必要的，但强调过头就失之偏颇了。一些专家和教师过于强调学的重要性，甚至严格规定一节课 40 分钟教师的教不能超过 10 分钟，还美其名曰"学生是课堂的主人，把课堂还给学生"。实际上，由于中小学生行为能力有限，尤其是小学生的认知能力、评价能力有限，教师一定要发挥主导作用，精心备课，做好课堂设计，运用多种教学策略，最大限度促进学生的发现学习、合作学习、自主学习。学生怎么学、学得怎么样，关键取决于教师怎么教、教得怎么样。学生学习方式的改进与升级，离不开教师教学方式的作用发挥。

落实新课标，关键在教师。教师的观念与能力直接影响新课标能不能落地，以及落地的效果如何。老师们一定要自信，要认识到素养导向的新课标并非高不可攀，而是跳一跳就可以摸到；更要认识到新课标所强调的核心素养、创新能力、跨学科教学、发现式教学方式，强调学生的学等，与基础知识、记忆能力、单科教学、背诵与练习的教学方式，强调教师在教学中的主导作用等并不是对立的关系，素养导向的新课标不否认传统教与学的方式的价值，落实新课标甚至还需要以这些为基础。这样就架通了现实教学与课标理想之间的桥梁，也解决了老师们心中的困惑与怀疑。

总之，新课标的落实要接地气，要让普通学校的普通教师能够摸得着、够得着，能够与其先前的做法接得上、连得上。我一向认为，任何教育改革，都要敬畏实践，尤其要敬畏千百万普通教师常态课的教学实践。如果不基于实践，不面向现实，不以现实主义态度推进，反而把理想与现实对立起来，把所谓的先进理念与千百万中小学教师的现实教学对立起来，那么就会铸成大错，甚至会成为笑话。

（原文发表于《中小学管理》2022 年第 6 期）

再谈以现实主义态度落实义务教育新课标

　　2022 年版义务教育课程标准颁布至今已经一年有余，学校落实新课标也历经了整整两个学期。近期笔者对一些学校进行了调研，发现老师们普遍的看法是"落实起来很困难"，而且这些学校基本都是省会城市的优质学校。如果这些学校落实新课标都深感困难，其他学校可能就更加困难了。

　　概括起来，老师们对落实新课标的看法主要表现在以下几点。一是新课标以核心素养为导向，大家都很赞同，难的是如何将新课标的文本要求转化为教师每一节常态课中的具体实操。二是新课标对教师和学生的要求很高，如课程结构化、大单元教学要求教师要有专家思维和"大"格局，要站位高、知识领域广，甚至最后还要求学生也要有专家思维。三是新概念太多，大学的课改专家对于新课标做了很多解读，尤其对于大单元、大概念、大观念、跨学科、深度学习等做了重点解读，也提供了一些带有个案性质的例证文本，但是这些解读与一线教师的实际操作依然相距遥远，中间缺少桥梁，老师们上课没有底气。四是以前的课改主要是以知识点为基础来开展教学，有经验的教师还是有点话语权的，可以对年轻教师进行辅导，而现在新老教师在新课改面前都要颠覆之前固有的经验，都要拓宽知识领域，要有系统思维，新教师由于缺乏工作经验更是感到茫然。五是区域层面的教研员跟着大学课改专家的路子走，老师们感觉跟不上；而且教研员具有命题权，对于教研员出的许多测试与考试题目，老师们不会做，面对考试这个指挥棒更觉茫然。

上述种种问题，让老师们对教学工作产生了困惑与困顿，加重了教师的职业倦怠感；让学生们感觉学起来困难，加重了学生的厌学心理。这些问题并不一定能反映全国中小学的总体情况，但需要引起高度重视，要及时应对与破解，否则会阻碍课程改革进程，影响教师的专业成长和学生的学业发展。

落实新课标过程中，我把专家们讲得比较多的内容概括为"高大跨深"四个字。"高"就是强调培养高阶素养，即核心素养；"大"是指大单元教学；"跨"是指跨学科教学；"深"是指深度学习。在教学实践中，"高大跨深"四者中，教师最关注的是"大"和"跨"，即大单元教学和跨学科教学，前者涉及每位教师如何开展单科教学，后者涉及教师如何与其他学科教师合作开展跨学科教学，两者都涉及如何处理课程内容或教材知识，这些问题都是教师们不能回避的问题。与课时占比10%的跨学科教学相比，单科教学占教学课时的90%，成为老师们高度关注的对象，同时也成为困难的焦点，前文提到的教师的困惑与困难主要体现在大单元教学问题上。

以现实主义的态度落实新课标，要关注以下几点。

第一，不要对"高大跨深"进行过于理想化的解读与宣传。要把"高大跨深"与教师们日常教学实践中的"低小单浅"对接起来，处理好基础素养（低）与高阶素养、小单元（甚至知识点）与大单元、单学科与跨学科、浅层学习与深度学习的关系，要由低到高、由小到大、先单（首先把单科教学做好）后跨、由浅入深，要把握好平衡，不可极端化。

第二，对大单元教学不要用力过猛。大单元教学主要关注的是形成知识结构，比大单元教学更为上位的是课程目标即培养核心素养。只要有助于核心素养培育的教学形式都可以采用，包括传统的一些教学方式，并不是只能采用大单元教学一种方式。在"高大跨深"中，我认为最该关注的是"高"（高阶素养）和"深"（深度学习、有意义的学习），教师在每节常态课中最该关注的是培养目标的升级与教学方式的改进，而不是教学内容的规模结构与组织方式。

第三，不能要求大单元教学直接覆盖每一节课。大单元教学要求教师在一个大图景（big picture）下教每一节课，让每一节课都由整体的、宏观的意义统领，这对教师"在内心深处"整体把握教学内容、课程目标是很有价值的，但是要求教师的每一节课"在外显行为"上都直接、显性体现出大单元教学，则难以做到。大单元教学不能违反学生循序渐进的认知规律。知识点教学、小单元教学对于形成核心素养也有价值，而且其本身就是大单元教学的有机构成部分。在实践中，语文大单元教学已经出现了教学过程追求形式、文本容量过大、弱化单篇作用（弱化单篇精讲）等典型问题。更为可怕的问题是，语文教学如果对大单元教学的教学方式使用不当，过于强调语文知识的结构化、逻辑化、理性化，搞得像数理化教学一样，会导致语文教学失去其"动之以情"的感性力量，失去语文教学的本意。

总之，落实新课标，培育核心素养，大单元教学不是唯一的必经之路，而是有多条路径，甚至肯定有更符合实际、更符合规律的路径。学校和教师不要在大单元教学中过于纠结，更不要对此用力过猛，而是要寻找多种路径落实核心素养培养与教学方式改进。

（原文发表于《中小学管理》2023 年第 8 期）

三谈以现实主义态度落实义务教育新课标

在落实义务教育新课标的过程中，大单元教学成为热点问题，是教师培训的焦点，也是各方争议的焦点。对于大单元教学，学术界褒贬不一。

不少学者认为，大单元教学以"大概念"（大观念、大任务、大问题）为统领，整合并重构课程目标、课程内容、教学方式、教学评价，从而形成一个完整的教学过程和学习过程，具有独特的优势。第一，不只是让学生记住知识点，而是掌握知识结构。单元课程存在多个具有独立性的知识点，而大单元教学强调单元知识点之间的有效联动，使所学知识结构化。第二，不只是以获取知识为目标，而且有培养高阶思维、技能、态度等目标，并且还把知识、技能、态度等统整为"做事"的素养，即核心素养。第三，在大单元教学中，为培育核心素养，教学方式以自主探究、合作学习为主要形式，能增强学生的主体性，而且反对"唯分数""唯升学"，顺应了考试评价改革从考知识向考素养的转变。总之，大单元教学有助于学生掌握系统化、结构化的知识，让学生实现深度学习，有助于培养学生的核心素养。基于以上理由，不少人把大单元教学看作落实核心素养的唯一途径。教师培训中，大单元教学几乎成为新课标培训的主要甚至全部内容。但是，理论很理想，现实很实际。在大单元教学实践中，不论是新教师还是老教师，甚至是教研员，都感到难以落地；在理论界也出现了一些截然不同的看法，有人肯定大单元教学，有人则完全否定。我认为，提出大单元教学的初心是好的，对于教师整体上把握知识结构、对于学生形成知识结构而不是碎片化学习知识都有好处。但是我们不应该过度夸大大单元教学的作用，更不应该把大单元教学视为培育核心素养的唯一途径。

以现实主义态度落实新课标，以下几点可供参考。

第一，从课程目标看，大单元教学并非达成目标的唯一手段。为什么要用大单元教学？一个重要的理由是，知识点教学会导致学生所学知识的碎片化，即便是"单元教学"，其容量也不够大，不利于形成结构化的知识体系，而大单元教学则能解决上述问题。对于这个理由，我们可以进一步追问：比大单元更大的是什么？是超大单元。而比超大单元更大的是一本教材的内容，比一本教材内容更大的是小学阶段本学科所有教材内容，再往前推，是大中小学阶段所有本学科教材内容，而比这个更大的是大中小学阶段的多个学科教材内容。但是，教师不可能一下子把这些东西都教给学生，饭总要一口一口吃。

实际上，现在所说的"大单元"还不够大，比大单元、超大单元、一门学科知识、多门学科知识等更为上位的是培养目标，是学生的核心素养，所有这些东西都是为培育学生核心素养服务的。从这个意义上讲，只要有利于核心素养培育的课程教学，不论是大单元、小单元、微单元甚至知识点教学，都是有价值的。落实核心素养的途径有多条，大单元教学不是唯一的途径。

第二，从课程内容看，单科的大单元教学与跨学科的主题式教学在定位上各有侧重，不可混同。新课标实施中，单科教学强调以大单元的形式组织教学内容，而跨学科主题教学则强调以跨学科的方式组织教学内容，这是新课标颁布后两种主要的课程内容组织方式。二者都要培育学生的核心素养，但是侧重点稍有不同。课时占比为 10% 的跨学科主题教学如综合实践活动、项目化学习、STEM 或 STEAM 教学等，主要目标不在于让学生获得系统知识，而在于培养学生思维能力、创新能力、解决真实问题的能力。课时占比达 90% 的单科教学不论是否用大单元教学模式，当然也是为了培养思维能力与创新能力，也需要具有综合性与实践性，但其主要目标在于系统性知识积累，在于"高效率获取"人类社会积累起来的间接经验。这是学校教育区别于家庭教育、社会教育的重要特征，也是教学中学生的认识过程区别于漫长历史中人类的认识过程的关键特征。须知，并非所有的间接经验、书本知识，都能转化为直接经验、真实情境。

强调知识的组织与结构没有错，即便是杜威也强调把直接经验转变为组织化、结构化的间接经验。但是，知识的组织化、结构化对于师生有不同的含义。对于教师而言，在大单元教学开始前，或者在一个知识点的教学开始之前，教师事先就要有知识结构，要对这个大单元的所有知识点有一个结构化的认识；对于学生而言，则是在大单元教学结束后，学生才能最终形成知识结构，这是一个学习过程（单元）结束后自然形成的结果，而不能对学生一开始就提出拥有知识结构的要求。大单元教学更多是一个理念，是对教师"整体知识结构把控"的要求，这个要求比对学生的要求要早一些、要高一些。即便如此，教师也不要对大单元教学用力过猛，尤其不要用力过偏，要在"上好每节常态课"上多用力。

从目前来看，实践中过于强调大单元教学的知识结构，导致教师的精力集中在内容上面，忽视了教学方式的转变，以及知识传授中情感态度价值观的渗透，这是与核心素养导向相悖的。

第三，从教学方式看，大单元教学（以及跨学科主题教学）所推崇的探究式学习、主题教学、项目化学习并不总是有效的。香港中文大学原副校长、教育心理系教授侯杰泰先生指出："根据 PISA 2018 结果，除新加坡、韩国和中国上海外，其他国家（包括芬兰）

并未热衷于项目化学习。而且研究发现，项目化学习浪费时间而且低效，仅对超高起点的学生（比如作为小学生就能参加大学专业学术会议）可能有效。"教无定法，记忆、练习等所谓传统的教与学的方式依然很有价值，间接经验的获取不能都通过直接经验、亲身体验来实现。

跨学科主题教学、项目化学习不需要在各个学科全面开花。这两种教学方式的主要目的是培养学生的研究能力、解决问题的能力，主要不是用来学习知识。对于知识学习来说，项目化学习、探究式学习是一条低效的甚至是错误的道路。学生在学校的学习，不能只是通过探究、情境等方式进行，这样效率太低，也不系统。实际上，单科传统教学讲授的知识体系具有鲜明的学科性质，人类知识也是根据学科划分的。而项目化学习、跨学科主题学习所传授的知识是基于问题的，是以问题的方式、跨学科的方式组织起来的知识体系，是以问题为中心构成的一套知识。学生学习知识如果只是使用这种方式，就难以形成系统的知识结构。同时，这也意味着对于学科教材和分科教学的彻底颠覆，造成学生知识学习的效率大大下降。

新教法如探究式学习、项目化学习等，与老教法如背诵、练习等并不是对立关系，也不是替代关系，而是互补关系。对于真实有效的教学而言，两类都是必要的。但是对于不同类别的学生，二者的比例结构是不同的。对于基础知识、思维能力薄弱的学生，探究式学习、项目化学习可以少一些；对于基础知识、思维能力很强的学生，尤其对于所谓的英才儿童（神童），探究式学习、项目化学习可以多一些。新旧教法在教学中应该各占多大比例，是落实新课标中不能回避的问题，不能从一个极端走向另一个极端。

第四，从考试评价方式看，考知识与考素养并不矛盾。新课标实施后，有些地方的试卷在篇幅、形式、内容、结构等方面发生了颠覆式变化，过于强调所谓基于"情境"的"素养"题型，导致篇幅过长（因为要描述情境），如数学考试题成为阅读题。正如一位基层教师所言，一份试卷成了"一本试卷"。原来对基础知识的考查，在新式试卷中往往都被取消，清一色变成"考素养"，导致所考与教师所教、学生所学有较大距离，实际上变成了"考教分离"，这种做法进而导致了教师对于教学产生迷茫与困顿。

素养是对知识、技能、态度的统整与超越，考知识与考素养不是冲突的，甚至可以说，考知识也是考素养。素养是指做事的能力，有些素养通过纸笔考试很难评测。而且以文字形式呈现的知识，其本身就包含对于技能、过程、方法的描述及对于情感态度价值观的表达。知识并不都是僵死的、冷冰冰的。人们在阅读文字时，不仅可以学会技能，也能陶冶情操，甚至会感到热血沸腾。因此，一份试卷中应该有不同内容、不同难度的题型，不能都是情境化的所谓素养题，对基础知识的考查依然重要。

好的课程改革不是走极端，而是做好平衡。知识与能力、大单元与小单元、分数与创新、学科知识学习与项目化学习、学习知识与提升研究能力都是重要的，课程改革需要做好两者之间的平衡，不能非此即彼。大起大落、一惊一乍的做法往往不切实际，并带来严重后果。

理论可能会很偏激，但是基于常识的实践一般不会偏激。过于偏激的理论，在实践中是会碰壁的，是走不通的。好在教师们不会过于偏激，教师的日常做法背后隐藏着某种内在的合理性，这是实践中的智慧在起作用。千百万教师的教学实践会以表面的或隐蔽的、合规的或不合规的方式，去自动校正偏激的理论。但是这种"校正"的成本会很高，有教师的经济、时间、心理等成本，更为重要的是，不恰当的教学会对学生产生不可逆转的负面影响。

（原文发表于《中小学管理》2023 年第 9 期）

四谈以现实主义态度落实义务教育新课标

落实义务教育新课标，是当前义务教育阶段学校教师的重要任务。义务教育新课标的主旨是"核心素养"导向，关于这一点，政策制定者、实践工作者、理论研究者等各方都高度认同，并已形成共识。各学科还在学生核心素养的基础上，进一步形成了本门学科或课程的核心素养清单。但在实践中，落实核心素养导向的新课标却走上了大单元教学（大概念教学、大观念教学等）的轨道，关于新课标的培训被大单元教学培训所主导，一时间大单元教学风靡全国，风头无两。有人认为，大单元教学是培育核心素养的必经之路甚至是唯一途径，要想培育核心素养必须经过大单元教学，这是论证大单元教学合理性的关键论点。在这种观点的推动下，再加上地方行政力量、培训机构和教研机构的加持，大单元教学于是就轰轰烈烈地在全国铺开了。

但是，大单元教学并没有像培育核心素养那样获得各方的认可。在理论界，尤其是在语文教学理论界引起极大争议，反对的呼声很高，甚至有人质问："不提大单元、大任务、大概念，就不是落实新课标吗？"关于大单元、大概念、大观念、大情境、大问题、大任务等"大"的"怒与怨"一时间也形成风潮。

理论界对某个问题有争议是很正常的，理论研究就是要有争议、有不同看法才能显示出研究的意义和价值。关键是在实践领域，大单元教学的推进非常困难，不仅年轻教师不会教，经验丰富的老教师也不会教。中小学教师甚至教研员对大单元教学普遍感到很困惑，对落实大单元教学普遍感觉很困难。不少教师甚至因此产生自卑心理，认为自己跟不上课改新形势，赶不上时代新要求。

对于大单元教学的流行，我也颇感困惑甚至惊诧。此次新课标修订历时三年，我有幸全程参加。在我的记忆中，三年来开了大大小小无数会议，专家们从没有讨论过大单元教学，讨论的主要是如何落实学生核心素养、如何凝练学科核心素养、如何改进教学方式与评价方式等等。因此，当大单元教学在中小学成为落实新课标的主要内容甚至全部内容时，我感到这与我参加三年课标修订的感受形成强烈反差，感觉实践中出现了偏差，偏离了新课标的核心素养导向。而且，在义务教育16门课程的新课标中都没有提"大单元教学"这个词，只是在义务教育新课程方案中提到过，要求"推进综合学习……探索大单元教学，积极开展主题化、项目式学习等综合性教学活动，促进学生举一反三、融会贯通，加强知识间的内在关联，促进知识结构化"。这里的表述是"探索大单元教学"，而不是将其全面铺开。

简而言之，在落实新课标中，各方给了大单元教学过于重要的、本不该获得的地位。我不反对大单元教学，认为它作为一个"理念"对于教师把握知识结构、形成知识框架的整体图景是有价值的，但是对于大单元教学的实施不宜用力过猛，更不能用力过偏。理由如下所列。

第一，落实新课标要"以课标为本"。新课标的关键是以核心素养为导向，不能本末倒置，大单元教学不能喧宾夺主。学校要扎实研读新课标原始文本，按照新课标对于核心素养导向的多方面要求深刻理解、全面落实。大单元教学只是落实新课标的一个方面，甚至还不是最为关键的方面，按照要求，当前只要"探索"一下就可以了。落实新课标、培育核心素养，条条大路通罗马，并非只有大单元教学这一条路。在实际教学中，教师们可以"直抵核心"，即直接对标核心素养，在每一节常态课中采用多种教学方式开展教学。

第二，落实新课标要"以课本为本"。教师只需在现有教材内容基础上，通过对标核心素养，根据学生核心素养与学科核心素养的要求，"微调"教学内容，使每一节课的内容直接与素养要求相对接，而不必都经过大单元教学这个中间环节。落实新课标，关键在于围绕核心素养目标改进教学方式。而面对实践中的大单元教学，教师们的主要精力放在了整合教材内容上，对于目标与教法关注不够，导致主次颠倒。更为关键的是，大单元教学对于教师整合教学内容提出了过高的要求，不论是大单元整合还是学案开发，难度都类似重新编写教材。教师们难以承担此等重任，即便编出来质量也未必高。有的教师就发问："编写教材不应该是一线教师的任务，为什么不让专家们把教材编好后直接给我们用呢？为什么非要难为我们呢？"

第三，落实新课标要"以人为本"，即"以学生为本"和"以教师为本"。落实新课标要有助于培养学生一辈子都需要的核心素养，要遵循学生心理发展阶段特点与认知规律。在一些地方，大单元教学在实施中出现了过于重视课程内容结构化的倾向，偏离了核心素养目标，违背了学生认知规律，增加了教师负担，这些问题需要引起重视并予以解决。

落实新课标，"以课标为本"，直抵核心素养，就是"以学生为本"。"以课本为本"，就是为教师减负，就是"以教师为本"。大单元教学的理论与实践，不论从国外看还是从国内看，都不成熟。地方和学校可以做一些试点，以落实新课程方案提出的"探索大单元教学"，但在目前这个不成熟的阶段，不宜全国、全学科推广。

（原文发表于《中小学管理》2023 年第 10 期）

教学理论众说纷纭　让老师们何去何从

　　教学看似平平常常，实则意义重大，既是学校的日常工作，也是学校的核心工作。对于教学，更是众说纷纭，古今中外有许许多多的教学流派，各派观点各异，甚至尖锐对立以致"不共戴天"。实际上，各种看法各有千秋，对于这些理论看法，教学实践最需要做的是兼收并蓄，而不是从一个极端走向另一个极端。当然，理论与争论即便极端，如果只是停留在学术交流层面，那么对于实践也无大碍。最忌讳的是，把某一种理论作为教学改革的政策基础，而全盘否定其他派别的合理观点，使得教学实践偏向一端甚至走向极端，此种做法危害甚大。

　　当前，在各国教学改革中大行其道、最受欢迎的是建构主义教学理论，这种理论强调创设激发思维与问题解决的情境，将激发学生发现与创造的热情作为教学的首要使命，主张探究性学习、合作学习与自主学习，鼓励学生与教师和其他同学对话，倡导开放与宽容的课堂氛围。这些无疑都是很好的主张，也是笔者一直极力倡导与支持的主张。但建构主义教学理论的问世，是否意味着此前盛行一时的行为主义、认知主义教学理论就完全过时了？肯定不是。

　　行为主义教学理论重视强化（如表扬就是一种有效的强化手段）的价值，该理论的一些原则对于今天的教学依然有价值。比如：学生需要表扬时给予明确的表扬，将学生的成功归因于努力和能力以培养学生的信心，设定清晰具体的目标以明确要强化的内容，等等。同样，认知主义教学理论非常强调记忆的机理与作用，该理论的一些原则对于当下的教学依然有现实意义。例如教学中要确保吸引住学生的注意力，帮助学生在新信息和已有知识间建立起联系，运用记忆规律对知识进行复习以形成长时记忆，重在理解切勿死记硬背，等等。

与建构主义教学理论的高大上不同，行为主义和认知主义教学理论看上去不仅显得陈旧，而且显得低级，似乎是以知识的强化与记忆为重心，是以个体孤立的学习行为为特征，远远比不上建构主义对于高阶认知能力如创新能力、批判性思维、问题解决能力的强调，也远远比不上建构主义对于合作学习、参与式教学的倡导。但笔者认为，尽管这三种理论远近高低各不同，但三者间不是水火不容的对立关系，而是相得益彰的互补关系。在某种意义上，三者类似"走"与"跑"的关系，在没有学会走以前，是不能跑的，即便想跑，也会跌倒。在实际工作中，某些教学实践出现了忽视基础知识、基础素养的错误倾向，建构主义志向高远，但也要脚踏实地，须知基础不牢，地动山摇。难道高阶能力如创新能力的培养不需要以扎扎实实的基础知识为前提？不需要记忆能力的加持？

许多实证研究表明，基于建构主义教学理论的探究法、发现法，并不是对所有学生都有成效，对于那些缺乏知识背景与解决问题技能的学生、对于准备不充分的学生、对于能力比较差的学生来说，"发现法没有什么效果，甚至有害"。研究还表明，在促进学生理解科学方法与培养创新能力方面，基于探究活动的方法要优于基于知识内容传授的传统方法，但在学习科学内容方面，两种方法相差无几。还有研究表明，基于问题的教学方法在促进学生"学习基本的科学知识方面较差"。因此，有的学者提出"最好的或许是在以内容为中心的教学与探究法或基于问题的方法之间寻求一种平衡"。① 笔者非常认同这种观点，多种方法在实践中应该互相借鉴形成互补关系而不是对立关系，教师应该根据不同的教学任务运用不同的方法以达到最佳的教学效果。

笔者的主要研究领域不是课程与教学论，不敢对此领域信口开河。好在原来攻读学位时，硕士和博士学位论文研究的都是杜威的教育思想，对于杜威的课程与教学论，特别是其经验论与科学方法论有所研究，在此提出一些浅见，求教于方家。

第一，学生的认识过程具有特殊性，由此决定了学校教育的存在具有独特价值。学生在学校的认识过程不同于人类的认识过程，学生要学习的是人类积淀起来的"间接经验"或者系统知识，学校教育存在的特殊价值就在于此。教学中诚然涉及人类间接经验与学生个体经验的关系问题，或者是"逻辑与心理"的关系问题（杜威与进步主义教育理论对此问题尤其关注）。逻辑是指人类间接经验、系统知识内部的缜密逻辑，心理是指儿童的认知能力。即是说，间接经验、系统知识尽管恢宏辽阔，但远离学生的生活经验，是学生所不能理解的。因此系统知识的教学需要基于儿童的直接经验与生活体验，不能让学生生吞活剥抽象的系统知识，活动课与实践课也是必要的。但是，不能因此过高评价直接经验而过于贬低间接经验在教学中的价值，否则就把学校教育混同于、完全等价于基于直接经验的家庭学习与社会学习了。

第二，要充分认识到学生直接经验的局限性，不能把学生的直接经验理想化，不能过于夸大活动教学、基于问题的教学、项目学习的价值。学生的直接经验对于教与学都有重要价值，但在教学中，并非所有的系统知识都可还原为直接经验。系统知识的存在形

---

① 霍伊，米斯克尔. 教育管理学：理论·研究·实践（第 7 版）[M]. 北京：教育科学出版社，2007：37-79.

式是逻辑的，其根本特点是具有很强的概括力和包容性，有些系统知识所反映的内容根本不可能还原为儿童个人的直接经验，有些即便能还原，但在数量上和程度上也是很有限的。尤为重要的是，儿童对他本人的很多直接经验是不能理解的，要理解这些东西反而需要系统知识的介入，需要先前形成的经验（并不仅是直接经验）的参与。笔者认为，过于迷信活动教学、基于问题的教学、项目学习，而忽视基础素养的培育，在理论上是错误的，在实践中是有害的。学而不思则罔，思而不学则殆，没有基础知识、系统知识的"学习"作支撑，"思维"发展就成为无米之炊、无源之水。有人认为，将教育局限于"问题的解决"，低估、窄化了教育的价值，教育不仅应促进学生的思维能力发展，更应拓展学生的视野。①

第三，要充分肯定知识尤其是基础知识、系统知识、间接经验的价值，不能把知识妖魔化，不能否定分科教学的价值，不能否认基于知识传授的传统教学方法的价值。流行的做法、前沿的做法是比较喜欢"高大全深"，如高阶认知、大单元大概念、全科教学、深度学习等等，对这些我都不反对，甚至大力倡导，但是希望不要把这些东西与基础知识、小单元小概念、分科教学、基础学习对立起来，没有后边这些东西作基础，"高大全深"很有可能成为空中楼阁。不能把学习知识与培养创新性思维对立起来。创新是在原有的知识基础上产生的，斯滕伯格指出："我们不可能对一无所知的事物产生新异观念。"② 质量高的知识能够成为培养学生创新能力的养料与土壤，逻辑上有必然联系的结构化知识（知识网络）是高质量的知识，这种知识不是碎片化的知识，它将专门的知识纳入更普遍、更广泛的知识体系之中，使知识在内容上形成从特殊到一般

① 褚宏启. 杜威教育思想引论 [M]. 北京：教育科学出版社，2022：180，200-201.

② Feldhusen J F. Creativity: a knowledge base, metacognitive skills, and personality factors [J]. Journal of Creative Behavior, 1995, 29 (4): 255-268.

的知识等级，增强了思维的灵活性和跨度，有助于创新能力的发展。

知识并不只是知识点，更不只是考点。知识是人类文明的载体，蕴含着人类的思维成果、实践经验，以及情感态度价值观，因此学生学习的是知识，收获的却是全面成长。现在有"要教能力而不是教知识""要考能力而不是考知识"的说法，这些说法强调"能力为重"并没有错，但容易误导一线教育工作者把知识与能力对立起来，这显然是错误的。知识是能力的基础，也是进一步学习的基石。如果在低年级没有把学生的知识基础夯实，学生其后学习就会遇到困难，就会陷入泥潭甚至进入万劫不复的境地，更谈不上什么能力发展了，许许多多的学生在此方面教训深刻，受害匪浅。

因此，不论在教学理论上还是在教学实践上，我们都希望兼收并蓄，而不是分裂对立。然而，这种分裂与对立依然存在，理论方面的争论可能对于学术发展是有利的，但是教学实践中的分裂与对立却是非常有害的。在许多新理念大行其道及其所带来的强压下，许多教师内心陷入纠结，成为教学上的"两面人"：上公开课时用新理念、用基于问题的教学方法，开展合作学习、小组学习；上常态课时用所谓的"旧理念"、用所谓的"传统"教学方式，让学生把基础知识学扎实。尽管他们知道常态课上所使用的某些教学方式对于学生将来的学习甚至一生的幸福是至关重要的，但是诸多专家与舆论告诉他们后者是传统的落后的，是需要摒弃的，因此，他们担心成为一些专家眼中的"落后分子"，成为教学改革的"绊脚石"，不敢理直气壮地宣称他们在常态课上的某些做法是对的。

实际上，这些教师并没有错，他们所偷偷坚守的某些做法，反而很可能是教学的基本常识（如把基础知识学扎实），是教学的内在要求（为创新能力等高阶素养的习得夯实基础），是学校教育的本质内涵（如传授间接经验）。当然，笔者这里并不是说所有传统的做法都是对的（如加班加点导致学生睡眠不足、题海战术导致学生负担过重等等，无疑都是极其错误的），更不是说新理念、基于问题的教学、培养创新能力就错了。当然没有错，这些更是需要大力倡导的。但是，不能因此就否定其他教学理论与教学方式所包含的合理因素。教无定法，多种方法都有其不可替代的价值，使各种方法相得益彰才是正道。

我们的教学目标与教学方法当然要追求卓越，但是，只有夯实基础，才能追求卓越。再次强调一句大实话：基础不牢，地动山摇。不能把夯实基础与追求卓越对立起来。我们不能在沙漠中建高楼，否则即便建起来了，也会很快塌掉。正所谓"眼看他起高楼，眼看他楼塌了"。

另外，教学理论研究要敬畏实践，尤其要敬畏千百万普通教师常态课的教学实践。理论行不行，实践者最有发言权。理论研究者不能只是在书斋里激扬文字、指点江山，而应该深度参与中小学的教学实践。当你踏踏实实教了几年中小学的常态课，尤其是教了几年有学习困难学生的班级的常态课，可能才会深刻认识到每一种教学理论的利弊得失，才会认识到任何一种理论都不能包打天下，才有资格讲哪种教学方式是好的，才有可能深刻认识到每一种教学理论都有其独特价值，真正认识到夯实基础知识对于每一个学生的无与伦比的重要性。

理论研究者不要自负，实际工作者也不要自卑。前者往往会错得离谱，后者往往还能比较靠谱。有经验的教师一般不会离谱，他们起码会尊重常识，他们的实践智慧远胜于标新立异的理论主张。不论是理论还是实践，当偏向一端甚至走向极端时，就违反了常识。而违反常识的做法，是极其有害的。在教学方法的理论研究与实践运用中，相互借鉴，取长补短，"和而不同，美美与共"，可能是最佳的选择。

中用不好看的实践，总是胜过好看不中用的理论。向来如此。

（原文发表于《中小学管理》2021年第5期，收录时有改动）

上好每节常态课

顾名思义，"常态课"是指在正常状态、自然状态下的平常课，也就是教师们天天上的课、学生们天天听的课。与常态课相对的课，是指公开课、展示课、观摩课、示范课等。常态课一般除了上课的教师和听课的学生外，没有专家、领导、其他教师等观众。在常态课上，师生的表现都是真实的，没有必要"作秀"与表演。

本文主要讨论以下三个问题。

第一，为什么强调"每节常态课"？

常态课对每个学生都至关重要。学生在学校的主要任务就是上常态课，常态课堂是学生最主要的学习场所，学生的成长与发展主要靠常态课。学生对于学校生活的感受、对于师生关系的感受、对于学习生活的体验，主要来自常态课。常态课是学生的"家常菜"，不是偶尔吃一次的"大龙虾"。学生的成长与发展不是靠公开课、展示课等"大龙虾"课型，而是靠常态课。常态课是大量的、日常的，在很多人的眼中，没有公开课、展示课那样高大上，地位很卑微、很平常，甚至是很平淡的，但是往往"平平淡淡才是真"。

常态课对每个教师都至关重要。上常态课是教师的主业，上好常态课是教师的天职。常态课是教师们教书育人的主战场、奉献社会的真舞台。上好每节常态课，是个"良心活"，因为常态课上没有监督者和观众，学校也没有可能对于每一节常态课予以监控与评价，所以常态课上得好不好、上课时投入多少才学与情感，全凭教师个人的自觉自愿。常态课最能体现与考验教师的真情实感、真才实学，最能发挥教师的积极性主动性创造性。上好每节常态课是教师教学能力的试金石，需要扎扎实实的基本功，不是某些赛课时的"一招鲜"就能应对的。常态课更是教师专业成长的摇篮与熔炉，真正的教学相长发生在常态课上，学生的成长靠常态课，教师亦然。话剧演员有个座右铭叫"戏比天大"，教师们也可以有一个类似的座右铭叫"课比天大"，此处的"课"是师生天天都要上的"常态课"。上好每节常态课，是教师最大的光荣。

第二，怎么样才叫"上好"常态课？

关于"一堂好课的标准"，已经有很多的研究与说法，这些说法大抵都对，但是对于常态课而言，可能要求得过多过高。作为"家常菜"的常态课毕竟不是成本高昂、制作精美、表演性强、显示度高、类似"满汉全席"的公开课与展示课，常态课的根本特征是常态，教师上课要有平常心，课堂教学要自然不做作。

常态课是教师们都要上的，好的常态课的标准也应该是每个教师都能达到的，这些标准应该是朴素的、简洁的。在此，笔者仅提出以下几点意见供大家参考。（1）教师有明确与正确的培养目标。任何课不论是常态课还是非常态课，都是手段，都是为培养目标即"培养什么人"服务的。常态课如果没有明确的目标，就是盲目的；同时只有明确的目标还不够，还要"正确"，只教"知识点"甚至"考点"、只强调机械记忆的常态课是应试导向的，肯定是片面的和错误的。教师要从"育人"的角度出发上好每节常态课，关注学生的全面发展与核心素养培育，比如更加关注学生思维能力（聪明的脑）而不是重点关注记忆能力，更加关注合作能力（温暖的心）而不是仅关注考试成绩。如果教师有了这样的教学目标，那么，他在课堂上与学生说话的语气、提问的方式、提问的内容都会有所不同。（2）教师尊重学生的人格尊严。我们要想让学生有一颗温暖的心，教师首先要有。教师与学生说话要和气，不伤害学生的情感。课堂上师生关系应该是民主平等的，教师要尊重每一个学生，包括学习困难的学生，教师要饱含善意对待每个学生，多鼓励多表扬学生。这本身就是教师在行"不言之教"，就是在真正培养人。教师要充分认识到教法对于学生的深刻影响，在育人方面尤其在学生品德养成方面，教法比教材更重要，因为教法就是教师的言传身教，对于学生有潜移默化且极其深刻的影响。（3）教师为每个学生夯实基础知识。知识并不只和智育有关，还内含道德、审美等内容，学生的能力发展、全面发展以及核心素养的培育，都是以知识为前提和条件的。传递知识是学校存在的基本理由，我们永远都不要轻视知识。基础知识是学生以后学习的基础，教师如果没有把基础知识给学生夯实，就是对于学生一生发展的不负责任。不论创新能力多么重要，教师们也要把基础知识"教明白"，否则基础不牢，地动山摇，包括创新能力在内的能力培养就无从谈起。

第三，上好每节常态课需要什么样的"条件保障"？

上好每节常态课，可能需要很多的外部条件保障，此处仅关注两点，即教师评价与教师培训。

先看教师评价。教师评价是指挥棒，需要向"常态课"倾斜。当前，各级学科带头人、学科教学骨干等"名师"称号评选，以及评优评先评职称，往往把上过公开课、展示课以及赛课并获奖作为必要条件，使得公开课、展示课等显得高大上并身价倍增，蕴含巨大利益，同时使得常态课地位一再降低。这是一种错误的导向，需要各界共同努力去扭转。能把常态课上明白的"明师"，比获得许多名誉称号的名气很大的"名师"，更为重要。相关部门和学校需要改进评价标准，形成正确的评价导向，鼓励和激励教师努力研究并踏踏实实上好常态课。

再看教师培训。广义的教师培训包括教研活动，因为研训是一体的，教研活动也是教师的培训活动。区域层面与学校层面的培训、教研活动，都应该把教师上常态课的能力作为最重要的内容。现在的名师培养与评选制度，在某些地区出现异化现象，变得脱离学校实际，与常态课渐行渐远，不接地气。某些学校为了培养几个名师，不惜血本，耗费大量资源，让教师到处赛课，甚至严重影响学校常态课的教学秩序，真是"一课成名百课枯"。名师评选制度、教师教研与培训等都需要进一步改进。我们要坚决反对目前存在的"唯帽子"倾向。

在写这篇文章时，笔者想起了一部小说《杀死一只知更鸟》，不知为什么，这种联想挥之不去、无法摆脱。在小说中，知更鸟是一种最早报晓的鸟儿，又是最后唱小夜曲的鸟儿，除了专心歌唱，不做任何坏事，但却遭到一些人的无端残害。知更鸟象征着善良无辜的人，杀死知更鸟，就好像在杀死善良无辜的人。

上好每节常态课，肯定是幸事是好事。但是，教师如果上不好常态课，在课堂上羞辱学生，扼杀学生的求知欲与人格尊严，甚至使得学生痛苦绝望乃至走向极端，那么这和杀死知更鸟有什么区别呢？

上好每节常态课，意味着关注"普通学校的普通教师的普通教学和普通课堂里的普通学生"，意味着真正的以人为本尤其是以学生为本。回归常态课堂，是正路，是王道。

（原文发表于《中小学管理》2021 年第 7 期）

把因材施教进行到底：
教育高质量发展的必由之路

"有教无类"和"因材施教"是中华优秀教育文化的集中反映。世界教育史包括现代教育史，就是追求有教无类和因材施教的历史，二者完美体现了人类社会对于教育公平与教育质量的理想追求。有教无类是指教育机会平等，体现的是平等性公平；而因材施教是指根据不同学生的不同发展水平与发展需要，施以差别化、个性化的教育教学，体现的是差异性公平。与有教无类相比，因材施教是一种更高层级的教育公平。不仅如此，因材施教旨在最大限度发掘学生的潜力，实现学生发展的最大化，充分体现了教育高质量发展的要求。《中国教育现代化 2035》也提出要"更加注重因材施教"。因此，因材施教同时体现了人类对于教育"高公平"与"高质量"的双重追求。

因材施教的对象类别

因材施教说起来简单，做起来却很不容易。因材施教包括"识材"与"施教"两步，即先识别学生的差异性特征与需求，再据此施加差别化的教育教学。那么，在一所中小学校甚至一个班级里面可能有什么样的学生，又该如何因材施教呢？笔者认为大致可以把学生分为四类：极少数的英才儿童（俗称"神童"），极少数的随班就读的残障儿童，少数的学习困难学生（简称"学困生"），大多数的普通学生群体。因材施教的类别，也因此可以分为四类。

第一，英才儿童的因材施教。英才儿童有较高天赋，对于提升国家创新能力和国际竞争力具有战略意义。但在教学中，教师们往往针对的是占大多数的普通学生，英才儿童"吃不饱"也"吃不好"。国际上一般会把排在同龄人前10%左右的儿童确定为英才儿童给予区分性教育，而排在同龄人前1%—3%的英才儿童会受到重点关注。人们对此类儿童有很多误解，如认为他们智慧超群、无师自通、完美无缺、被老师喜欢、受同学欢迎，其实不然，英才儿童有突出的优点，也有突出的缺点，在教育中需要长善救失。对英才儿童的因材施教，一般采取两种模式：一是加速模式，包括早入学、跳级、早毕业、课程先修等方式，其典型特征是"学得快"；二是充实模式，与同龄人一起就学，不改变就读年级，但是在课内课外提供常规课程之外的拓展课程，其典型特征是"学得多"。在实践中，两种模式可混合使用。①

第二，随班就读残障儿童的因材施教。此类学生是指可以适应普通学校学习生活、进入普通班就读的特殊需要儿童，包括部分肢残、轻度智力障碍、视力障碍和听力障碍的儿童。此类教育属于融合教育，旨在使特殊需要儿童更好地融入社会。做好此类教育，要点有三。一是精准识别，善意接纳。相关部门要确定标准，精准识别此类儿童，重度残疾不适合随班就读的要进入特殊学校就读，而对于符合随班就读条件的孩子，学校要积极接纳。目前，一些学校管理者、教师、学生甚至家长排斥此类学生，对此学校要加强教育与引导，以消除偏见，营造尊重互助的良好氛

---

① 褚宏启. 发展英才教育可以有多种形式 [J]. 中小学管理, 2022 (11)；60-61.

围。二是加强硬件与软件建设，让学生学有所获。学校要积极建设无障碍设施、康复训练所需资源教室，编写个性化教材，加强教师培训，解决"随班就坐""随班就混"等随班就读质量低的问题。三是完善评价标准，精准评价随班就读学生的成长。教育部门要基于残疾儿童的特点与需要，改革当前学生学业评价内容与方式，并与特殊教育学校或康复机构的评价进行必要的衔接。

第三，学困生的因材施教。学习困难包括轻度学习困难和重度学习困难，也包括单科学习困难与多科学习困难。学困生容易被歧视，他们自己也往往比较自卑。因此，转化学困生，首先要树立正确的学生观，以发展的眼光、信任的态度看待学生，要多鼓励多表扬他们的点滴进步，树立他们的自信心、自尊心。其次，在教学内容上要查漏补缺、夯实基础，帮他们解决知识断层问题，不提出过高要求。最后，要改进教学方式，培养与激发学生的学习兴趣，让他们由害怕、厌恶学习转化为喜欢学习。另外，还要加强家校协同，形成合力，助推学困生的转化。

第四，普通学生群体的因材施教。此处的普通学生是指上述三类学生之外的群体，他们是班级中、学校中的大多数。教师教学中的难度与速度把握主要是针对这部分学生，似乎这样就做到了对这些大多数学生的因材施教。其实不然！把因材施教进行到底，需要落到每个学生身上。而且这些占大多数的学生，其家庭背景、知识基础、兴趣爱好也都各不相同，因材施教需要顾及这些差异。

针对大多数学生的因材施教，在当前面临的一个主要障碍是大班额。大班额使得教师难以顾及每位学生，对教师课堂教学方式的多样化、差别化使用有消极影响。当前国家要求小学班额不超过45人、初中班额不超过50人，实际上不少学校还做不到。即便做到，班额45人或50人在国际上也属于比较大的班额，目前发达国家义务教育班额一般在 25 人以内①，日本、韩国的班额高于平均值，也就 30 人出头。而在我国的普通高中阶段，大班额问题更为突出，严重阻碍选课走班和高考综合改革的推进。推进普通学生群体的因材施教，一个重要举措是降低班额，这样可以降低教师因材施教的工作难度。

　　降低班额的主要责任在政府，而在学校和班级层面推进面向普通学生群体的因材施教，关键是采用个性化的教学方式，主要有分层教学和选课走班两种模式。这两种模式对于英才儿童、随班就读残疾儿童、学困生也同样适用。

分层教学与因材施教

　　分层教学是基于学生的学力进行的教学难度分层，一般以学科为单位进行，也称"学科分层"，即按照学生在某一学科上的学业成绩或学习能力，将学生分成几个不同的层次，以提供差别化的教学。

在组织形式上班内分层效果更好

　　在组织形式上，分层教学分为三类。第一，校际分层。即根据学生的学业成绩或学习能力的高低，把学生划分到不同层级的学校，如优质校（重点校）、一般学校、薄弱学校，然后以学校为单位对不同层次的学生实施差别化教学。这种做法实质上就是"重点校"制度。第二，校内分层。即在学校内部的年级层面，根据学生的学业成绩或学习能力的高低，把学生划分到不同层级的班级，如重点班和普通班、快慢班等，然后以班级为单位实施差别化教学，重点班或快班学得快、学得多，非重点班或慢班则学得慢、学得少。此类做法本质上是"重点班"制度。第三，班内分层。班内分

---

　　①　冯芳. 从生师比和平均班额看我国中小学教育现状：从我国与部分 OECD 国家的比较角度 [J]. 教学与管理，2014（30）：35-37.

层是在班级内部根据学生的学力，把学生分成不同的组，以组为单位开展难度不同的分层教学。

上述三种分层教学哪种更好？研究表明，班内分层效果较好，而重点校与重点班的分层教学形式则有诸多弊端。这些弊端表现在三个方面。其一，加剧学生成绩的两极分化，容易造成好的越好、差的越差。① 其二，容易造成非重点校、非重点班学生的心理问题。这些学生被视为"另类"或者"异类"，往往受到歧视，从而滋生自卑心理，降低自我效能感，减弱学习内驱力。其三，违反教育公平原则。重点校、重点班往往根据学生的一次考试成绩进行招生或编班，然后就固化下来。这种做法招致较多批评：分层标准未必客观，一考定终身未必公正，而且分层之后学生不能流动，固化在某一个教学"阶层"中，这和社会学中的"阶层固化"类似，违反教育公平的基本原则。正因为如此，我国 2006 年修订的《中华人民共和国义务教育法》明确规定，县级以上人民政府及其教育行政部门不得将学校分为重点学校和非重点学校，学校不得分设重点班和非重点班。有人认为，基于重点校与重点班的所谓分层教学带来的教育资源分配不公，拉大了质量差距，违反了教育公平，是对差异发展的误解，是对因材施教的曲解。②

班内分层之所以效果较好，原因在于不像重点校和重点班那样把学生分成三六九等。班内分层是"隐性分层"，是保密的而不是公开的，不仅有利于保护学生的自尊心，也有利于不同学习水平学生之间的合作互助，有利于全班学生的心理健康与社会情感发展。

---

① 张孝军，李莉. 论分层教学模式的负面影响［J］. 教学与管理，2010（3）：124-125.

② 许双成，张立昌. 教育公平之殇：分层分班教学［J］. 西北民族大学学报（哲学社会科学版），2015（4）：184-188.

反应干预教学是一种有效的班内分层教学模式

班内分层教学意味着班内学生的差异性大、异质性大，这种分层教学比学生学业水平差距不大的重点校、重点班模式在难度上要大很多，但并非不能做到。反应干预教学（Response to Intervention，RtI）就是一种班内分层教学模式。这是一种动态调整的有效教学策略，可以用于在常规普通班中对各个层级的学生开展差别化教学，包括对英才学生与学困生开展有效教学。运用动态评估策略发现学生的学习需求，并提供与之相匹配的优质教学，是反应干预教学的核心，其主要特征是差异化的课程、灵活的学习进度以及按能力分组。

反应干预教学包含六部分内容：识别高学业表现学生和低学业表现学生；进行早期干预以满足所有学生的学习需求；实施学习进度监测（动态评估）以确保所有学生接受适合其需求的教学；组建英才教育专家和学科专家合作小组，开发适合不同层次学生需求的教学服务；实施分层教学服务；帮助学习进度不符合其能力的学生。

反应干预教学采取三层教学模式：第一层为所有学生提供正规课堂环境下的课程教学，主要采取一般的差异化教学和通用设计策略；第二层为高学习能力和学业需求的学生，亦即那些学习需求无法在第一层教学中得到满足的学生，提供额外的充实课程与差异化教学；第三层为更高水平学生提供更具挑战性的教学和个性化的教育服务，主要采取课程加速、独立学习的方式以及提供其他能够满足学习者特殊需求的支持性教育服务。[1]

---

[1]　Hughes C E, Rollins K. RtI for nurturing giftedness: implications for the RtI school-based team [J]. Gifted Child Today, 2009, 32（3）: 31-39.

选课走班与因材施教

选课走班为把因材施教进行到底带来可能

人们往往把选课走班与分层教学混同起来。二者有重合之处，但并不相同。分层教学是基于学生学力进行的教学分层，教学难度是不同的，体现了学生水平与教学难度的纵向差距。而选课走班是指在学科教室和教师固定的前提下，学生根据自己的学力和兴趣愿望，选择适合自身发展的班级走班上课。选课走班除基于学力差异外，还基于兴趣差异，亦即选课走班的结果可以体现为分层教学。比如同一班级的学生可以选择不同难度的数学班级，体现了纵向的学力差距；也可以体现为非分层教学，如有的走班是基于兴趣，体现的是横向差异而不是纵向差距。这样纵横结合可以最大限度满足学生能力或兴趣上的差异化需求。其理想状态是，学校开设了大量课程，每个学生都有一张自己专属的、与他人不同的课程表，简言之，有多少个学生，就有多少张课程表。以此为基础，因材施教就可以进行到底了。正因为如此，《中国教育现代化 2035》要求推行启发式、探究式、参与式、合作式等教学方式以及走班制、选课制等教学组织模式，培养学生创新精神与实践能力。

选课走班制教学在实践中有三种类型，即选修课选课走班、必修课选课走班、全科选课走班。其中，选修课选课走班是指只在选修课上进行走班，保留原有的行政班，必修课还在行政班上进行。这种做法主要是为了满足学生的学习兴趣，由于成本较低，是目前最为普遍的一种选课走班类型。必修课选课走班属于分层教学的一种形式，也被称为分层选课走班制教学，但是又不同于校内"重点班"的分层教学模式。必修课选课走班制教学中，选择权从教师转移到了学生，学生可以根据自身能力与需求选择不同层次的课程和教学班，而且这些班级的构成不是固化的，是动态调整的，这是力度更大的教学变革，意味着传统行政班的终结。全科选课走班制教学是指所有学科包括选修课和必修课都要进行选课走班，是对上述两种方式的相加。

直面实践问题有序有效推进选课走班

选课走班在我国的实施还处于初级阶段，实施过程中出现了一些问题。第一，选课走班异化为校内的重点班与非重点班、快班与慢班。有的学校只是根据考试成绩将学生分为不同的等级，并按分数编班，将分班固化下来，为提升学校升学率服务，忽视了学生的兴趣爱好与个性发展，选课走班的内涵与外延被大大窄化。第二，学生的选课走班自主性与理性不够。选课走班的主体是学生，但在有些学校学生没有选课自主权，采取的是"教师选，学生修"的选课方式。① 学生对于自己的职业生涯认知模糊，依赖于教师的帮助甚至由教师代办。选择的不够理性体现为功利性与随意性，功利性是指优先选择容易考高分的科目，随意性是指基于从众心理"随大流"选课，这样就导致选课走班的政策目标难以达成。第三，学校课程资源不足。选课走班需要学校开设更多的课程，提供更多的教室，建立对于流动班级的动态管理制度，这些要求并非每所学校都能满足。

正因如此，选课走班需要慎重开展，有序有效推进，切不可搞"运动式"与"一刀切"。2019 年国务院办公厅印发了《关于新时代推进普通高中育人方式改革的指导意见》，明确提出"适应普通高中新课程改革和高考综合改革，依据学科人才培养规律、高校招生专业选考科目要求和学生兴趣特长，因地制宜、有序实施选课走班，满足学生不同发展需要"。选课走班并不只是限于高中阶段，在义务教育阶段也应该逐步实施，有条件的学校可以先行试验，可

---

① 纪德奎，朱聪. 高考改革背景下"走班制"诉求与问题反思［J］. 课程·教材·教法，2016（10）：52-57.

以先从选修课的选课走班开始。

　　因材施教既体现了高水平的教育公平，又体现了高水平的教育质量，是教育高质量发展的必由之路，是"有质量的公平"的内在要求，应该大力推进。但是我们也应该看到，因材施教需要更多的教育资源保障，需要更多的人、财、物以及数字化技术平台的支持，需要政府、学校、教师等在不同层面上付出更多努力。

　　　　　　　　　　　　（原文发表于《中小学管理》2023 年第 4 期）

"双减"要与教育高质量发展同向同行

　　"双减"政策以雷霆万钧之力，给基础教育带来了强烈震荡，教育生态发生了剧烈变化。教育旧生态被颠覆性打破，原有的学校、教师、学生、家长、补习机构的关系格局被改写，但教育新生态远远没有形成。旧局面已经土崩瓦解，新局面尚在襁褓之中，教育新生态的生成正处于探索期，学校、教师、学生、家长等主体正处于焦虑期，所谓"乍寒还暖时候，最难将息"。探索阶段具有很多不确定性，焦虑不可避免，属于正常现象。如果"双减"后各方都无动于衷、波澜不惊，未必是好事情。不知所措、惊慌失措都是暂时现象，一旦尘埃落定，各方习惯之后，焦虑就会大大减小。因此，各方无须谈"减"色变，让子弹再飞一会儿，一旦新生态形成，各方适应了新生态，就会变得气定神闲。

　　"双减"当下已经成为覆盖全国的行动，很多人就"双减"谈"双减"，俨然"运动就是一切，目的是没有的"。减负只是手段，不是目的。不能为减负而减负，不能就事论事，必须把减负与教育目的联系起来，否则减负就是盲目的。本文要强调的是，"双减"要为促进教育高质量发展服务。

　　何为教育的高质量发展？它意味着教育对于国家发展与人的发展有高质量的贡献，即意味着教育能够为建成富强民主文明和谐美丽的社会主义现代化强国做出高质量的贡献，能够为培养出具有科学理性精神、民主法治精神、创新创业精神的现代人（即人的现代化）做出高质量的贡献。只有"双减"，才能减轻学生的课业负担，把学生从机械作业、重复作业、强化训练、题海战术、纸上功夫、唯分数、唯升学中解放出来，让学生有更多的时间去实现全面发展与个性发展，不断提升自身的主体性水平，即积极性、主动性、创造性水平，实现人的现代化，进而才能为社会现代化、国家现代化做出积极贡献。

"双减"政策的逻辑起点绝不仅仅是减轻课业负担，更是国家发展与人的发展，是国家的长远利益与根本利益，以及学生个体的根本利益与长远利益。就学生而言，许多家长甚至一些学校和教师，只看到了学生"一时"的利益，只关注培养学生应试能力以解决升学问题，而没有看到学生"一生"的利益，没有关注学生一辈子都需要的素养。只看一时，不看一世，是急功近利的表现。

人一生面临的重要竞争，按照时间顺序，大致有三类：一是升学，主要是参加中高考。要想竞争胜出，最重要的是"会做题"，能拿高分。二是找工作。要想竞争胜出，同等条件下最重要的是面试的时候"会表达"、思维敏捷。三是在漫长职业生涯中的职场晋升。这种情况下最为重要的不是纸上谈兵会做题，也不是口若悬河会表达，而是"会创新+会合作"。在职场中最受欢迎的员工是有点子、会做事、会创造性解决难题的员工，是心存善意、乐于助人、善于合作的员工。所谓有聪明的脑、温暖的心就是指的这类人。但是现实往往是，聪明的人有时会看不起别人，甚至运用自己的聪明欺人敛财甚至欺世盗名，而温暖的好人常常又不够聪明。因此，教育如果是高质量的，就要为学生的一生着想，培养学生一辈子都需要的素养。会做题重要，会表达更重要，而会创新会合作最重要，这些不是对立的，而是可以兼容的。此外，培养学生的科学理性精神和民主法治精神对于学生适应现代社会、对于建设现代国家也是至关重要的。可见，只让学生会做题是非常片面的，是误人子弟、误国误民的。

思考和推进"双减"，必须坚持目标导向，否则"双减"就是盲目的，甚至越减问题越多，陷入误区与泥潭。我们要认清目标与问题的关系，而问题是靠目标来界定和区分的。目标越清晰，问题就越好找、越聚焦，路线图就越明确，解决问题就越具有针对性，如此问题才能越来越少。不只是"双减"，教育的加减乘除都是为了达到目标，都应该是目标导向的。

关于教育质量，有狭义和广义两种看法。狭义的质量是指教育产出或"结果的质量"，即教育所培养的学生的质量；广义的质量，除结果外，还包括教育过程、教育条件保障、教育管理的质量，过程涉及课程、教法、评价，保障涉及教师、经费、技术。下文重点谈谈"双减"背景下的结果（学生素质培养状况）、课程、教法、评价、教师、管理六个方面的高质量问题。

第一，高质量的结果。即教育所培养的学生素质。"双减"不论怎么做，最重要的是培养出高质量的学生，尤其是培养好学生的核心素养。只提全面发展、五育并举是不够的，只提狭义的"双增"（即增加校内、校外的体卫艺时间）是不够的，要突出能促进国家现代化、能适应 21 世纪的现代人素质的培养。在"双减"的初期和振荡期，学生在校时间明显变长，学生累不累？学生减负了吗？这样有利于实现上述培养目标吗？最重要的不是把课后延长的时间填满，而是取得高质量的培养结果。这才是考虑"双减"问题的出发点与归宿点。

第二，高质量的课程。课程内容不是越多越好，关键是这些内容与培养目标是不是具有一致性。课程设置上不能借着五育并举的名义摊大饼，更不能把课后服务变成学科教学的延时，学校要根据培养目标的重点，即根据核心素养的要求来设计课程内容的重点。课程结构要与核心素养建立直接联系。在课程内容中，要重视基础知识的教学，基础知识是进一步学习的基础，是思维能力培养的基础，只有夯实基础才能追求卓越。

第三，高质量的教法。提升质量，教师的教学方式至关重要。目前的减负特别关注作业的减量与优化，这种关注是必要的，但又是有欠缺的。实际上，作业是教学与学习之后的活动，是"马后炮"。某些教师教学方式陈旧、教学效果不好，学生听不懂学不会，于是课堂不行作业补，以作业取代教学、弥补教学。如果教师讲得好，学生学得好，就可以少布置作业，学生的负担自然减轻。因此，作业之前的课堂教学质量、教师的教学方法技巧至关重要。通过提高课堂教学质量实现减负，比通过减少作业实现减负，更为基本也更为重要。

第四，高质量的评价。评价是针对目标的，主要是看培养目标的达成度如何。广义的评价包括学生素质综合评价、操行评定、测验、考试。评价应该向目标看齐，应该是素养导向的，既要关注高水平的能力培养，也要关注基础知识的夯实。"双减"背景下，学校的各种考试大大减少，有些学校有些年级甚至取消了考试，引发了很多家长和教师的焦虑：平时的考试没有了，但到了最后，中考和高考还要考，那么，如何知道平时学生学得怎么样、教师教得怎么样？亦即平时考试没有了，如何诊断学与教的状况？实际上，作业可以替代平时的考试而发挥诊断功能。例如北京小学就明确提出"好作业是指向目标的有效评价"，这句话很有含金量，把作业与评价、与目标联系起来，从一个更高的站位看作业，而不是就作业谈作业，就减少作业谈"双减"问题。

第五，高质量的教师队伍。"双减"政策对教师的能力、动力、体力都提出了更高的要求。"双减"政策实施前，学生的学业成绩是校内教师与校外补习机构的教师共同打造的，并不都是校内教师的功劳。"双减"政策实施后，校外补习被叫停，学生只靠校内教师能否达到原有的水平，是否会带来学业质量的下降？这个问题不容回避。教师的能力需要提升，包括夯实基础知识的能力与提升核心素养的能力都需要提升。而且，新政实施后，教师在校时间明显变长，影响到教师工作的动力甚至体力。教师的能力提升需要时间，体力恢复也需要时间。新政之后，教师的休息权问题成为一个不容回避的关注点。高质量的教师队伍建设不只是考虑教师的能力问题，也包括动力与体力问题。

第六，高质量的管理与治理。"双减"新政是宏观大政，其必要性、紧迫性毋庸置疑，但是新政的落地涉及很多操作性问题，涉及多方利益关系的调整，以及每天生活方式的变化。如何把好事做好，如何使这个利国利民的宏观政策平稳落地，是一个很考验智慧的问题。智慧何来？只靠政府为民做主的情怀是不够的，需要多方主体共同参与，进行多元共治。多元共治是教育治理现代化的本质特征。通过多元共治，政府、学校、家长、学生、教师、社会补习机构等各方主体共同协商，结合当地实际与学校实际，找到一个激励相容的最佳路径，使震荡与损失最小化。个别地方推进新政的举措过于刚性，甚至简单粗暴，社会参与明显不够，这样会产生人们不愿看到的负面影响。

总之，推行"双减"新政，不能为减负而减负，一定要坚持目标导向，要与培养什么人、怎样培养人联系起来，要与教育的高质量发展同向同行。如果"双减"新政实施后，某地或某校学生的学业质量下降了，学生每天更疲劳了，教师的动力与体力都下降了，学生的创新能力等高阶素养也没有得到提升，那么，该地或该校"双减"政策的推行就违背了政策的初衷与目标。

（原文发表于《中小学管理》2022年第1期）

彰显科学教育的多重价值

近期，科学教育成为热点话题。教育部要求在"双减"中做好科学教育，在中小学广泛开展课内外科普教育活动，加强中小学生科学精神培育，切实提升科学教育质量，切实加强中小学实验室建设。科学教育何以重要？科学教育是建设科技强国、实现高水平科技自立自强、提升国家竞争力的基础性工程。从 20 世纪 80 年代起，主要发达国家如美国、英国、德国、日本、新加坡等国就将科学教育作为国家战略持续推进。

从世界历史看，科学教育与国家实力有内在联系。1840 年的第一次鸦片战争是中国近代史的开端，是中国人心中永远的痛。在这场中英两国综合国力的较量中，清朝政府不敌侵华英军的坚船利炮，被迫签订改变中国命运、丧权辱国的《南京条约》，而英军在这场战争中的阵亡人数仅为清军的 2.5%。在特定条件下，武器性能成为决定战争胜负的关键因素。坚船利炮的背后是科学知识、科学教育的有力支撑。而当时我国教育中的课程内容皆为儒学著述，靠四书五经是造不出坚船利炮的。可以说，鸦片战争是工业文明对农业文明的降维打击，是科学知识对四书五经的降维打击。由此可见科学知识与科学教育的重要性。但当时存在中学与西学之争，不少人将科学知识与技术视为奇技淫巧，予以蔑视打压。

　　科学知识对于国家重要，对于个体过上美好生活也至关重要。第一次鸦片战争爆发19年之后的1859年，英国哲学家、社会学家、教育家斯宾塞提出了著名的"斯宾塞之问"：什么知识最有价值？他对欧洲古典学科（主要是文科知识，颇似我国的四书五经）在学校课程中占主导地位极为不满。在对人类过上完满的生活所需要的知识进行深入细致的分析后，他得出结论："什么知识最有价值？一致的答案就是科学。"斯宾塞极力倡导科学教育，反对单纯的古典主义教育，对世界很多国家课程内容的科学化、现代化产生了极大影响。

　　进入知识经济时代，科技创新对于提升国家竞争力的作用更为凸显，科学教育的价值愈加彰显。2013年，世界科技强国排名第一的美国正式发布《新一代科学教育标准》，对科学教育的内容在横向和纵向上进行整合，按主题编排并用故事线串联内容，围绕大概念组织科学教育内容，构建进阶矩阵和进阶关系图。美国《新一代科学教育标准》是新一轮科学教育改革的里程碑，体现了当代基础教育阶段科学课程改革的"整合"新理念，强调科学教育应该像真实世界中的实践和实验那样反映科学中各学科相互联系的本质，强调科学知识从幼儿园到12年级的连贯一致，强调学生对于科学知识的深入理解和应用，最终目的是让学生为升学、工作和公民生活做好准备。2018年美国又发布了新一轮科学教育五年战略规划。

　　不论是为了支撑我国创新发展驱动战略，还是为了让学生过上更为美好的生活，我国都需要大力加强科学教育。与发达国家相比，我国国民的科学素质和各级各类学校的科学教育仍相对落后，亟待提升。例如我国2020年具备基本科学素质的国民比例是10.56%，而美国1988年就超过了这一水平，为11%，2019年更是提升到30%。

　　加强科学教育，除了在国家层面进行顶层设计、制定战略规划、完善相关制度体系，以及在社会层面吸引科技工作者、科普场馆、家庭等主体积极参与并营造尊重科学的社会氛围，学校同样需要积极作为。

第一，树立正确的目标。科学教育的目标不能简单地等同于提升学生的考试成绩，而是要教给学生"最有价值"的科学知识。这些知识不仅对应试和升学有用，更要对提升国家创新能力有用，还要对学生个人将来过上美好生活有用。除了教给学生科学知识，增进学生对于自然、社会、自身的认识，科学教育更为重要的目标是教会学生科学思维的方法，提升学生的批判性思维和创造性思维能力，培养学生在真实情境中解决实际问题的能力。如果说科学知识是"鱼"，那么科学方法就是"渔"，即打鱼的方法，授人以鱼不如授人以渔。有人讲"学好数理化，走遍天下都不怕"，这说明了科学知识的重要性。但是我们更需要强调科学方法的重要性，学会科学的方法才能真正做到走遍天下都不怕。

第二，增加课程内容中科学教育的比重。我国中小学课程方案可以进一步调整，适度增加科学课程内容的比重。在学校教学中，综合实践活动、校外研学等都可以增加科学教育的内容。

第三，改变教学方式。多运用启发式、探究式、合作式、讨论式等教学方式，加强实验教学，加强项目化教学或基于问题的教学（PBL），加强 STEM 或 STEAM 跨学科教学。此外，学校还需要加强科学教师队伍建设与实验室建设，为科学教育提供人力、物力资源保障。

（原文发表于《中小学管理》2023 年第 5 期）

作业的异化与正常化

　　当前，全国上上下下都非常重视减轻学生作业负担，相应地，也都非常重视学生的作业设计，不少地方和学校要建构新的学生作业体系，这些都是很好的现象。然而，我最担心的是有些学校会用力过猛，把学生的作业体系建得全面系统高大上、各个学科全覆盖、五育并举无遗漏。理念是先进的，设想是善意的，但是作业更难了甚至更多了，这就走向了作业治理的反面。

进行作业治理，首先要对作业本身有正确的认识

　　在许多人看来，作业已然成为学生和家长甚至社会不能承受之重。似乎作业是罪魁祸首，且罪大恶极，必须灭之而后快。似乎，如果没有了作业，学生就不会愁眉苦脸，师生关系、亲子关系就不会剑拔弩张，和谐校园、和谐家庭的一派温馨景象就会出现。因此，我们必须问一问：为什么要有作业？不要作业不行吗？

　　回答是确定的，作业无罪，作业必不可少！教师布置作业、学生写作业天经地义。即便小学低年级没有家庭作业，学生也会有需要在课堂上、学校内完成的作业。作业是教学的有机组成部分，作业有其不可替代的基本功能与重要价值，大致有以下几点：一是利

于学生复习巩固所学知识，为下一步学习打下基础，所谓学而时习之、温故而知新；二是可以诊断学生学的情况，有助于教师进行学情分析，便于教师因材施教，尤其是便于教师有针对性地帮助学困生，以更有效地改进学生的学；三是可以诊断教师教的情况，有利于教师调整教学目标、优化教学内容、改进教学方式，进而提高课堂教学质量。

既然作业必不可少，那么问题出在何处？

问题的关键不在于作业的有与无，而在于作业的多与少。罪魁祸首是作业太多，导致学生作业负担过重。在唯分数、唯升学的压力下，作业被异化了，其应该发挥的育人、教学诊断等正常功能被扭曲了，附加了其他一些本不该由作业来承担的功能，甚至走向了教育的反面，成为误人子弟、戕害学生身心发展的东西。作业的异化主要表现在以下两方面。

一是作业过多。目前许多学校的作业多到即便成绩不错的学生也要加班加点才能完成，甚至加班加点也完成不了。作业数量太多，原因大致有如下几个：（1）每个学科的作业不算多，但是多个学科加总后则数量甚巨；（2）某些学校、某些教师信奉"题海战术"，认为作业多多益善，以练代教、以练代学，导致单个学科尤其是一些考试分值高的所谓主科的作业量大增；（3）出于商业利益大量出版的试题集、辅导材料为作业量增大提供了来源，为教师多布置作业提供了便利；（4）教师对某些作业不批改，而是让家长批改、让学生自己批改、让学生互相批改，教师不用为批改作业增加自己的时间投入，也为教师多布置作业提供了推力；（5）某些所谓"先学后教"的教学方式改革，让学生进行前置性学习，增加了学生的作业量；（6）某些学校和教师基于素养导向，增加了一些综合性、跨学科的作业，如项目化学习、实地调研、STEM 学习等等，这是好现象，但是传统的作业并没有相应减少，传统的作业与新型的作业叠加在一起，导致作业数量过大。

二是作业过难。许多作业的难度超出国家课程标准的要求，有些作业题目属于典型的偏题、怪题，更是远远超出课标的要求。出现难题偏题怪题的根本原因，在于作业与高利害的中高考试题对标对表，有些作业干脆就是往年的真题或者当年的模拟题。也就是说，中高考试题的高难度，产生了前向关联效应，考试指挥棒发挥了负面作用，导致作业难度大大增加。作业中的难题偏题怪题，是对中高考中的难题偏题怪题的模仿与延伸。作业改革与考试改革需要同步推进。

作业过多过难，最直接的影响是学生作业负担过重，而参加课外的社会补习又占用了学生做学校作业的时间，导致学生作业负担雪上加霜。作业过多过难，最直观的危害是学生睡眠时间严重不足，身心严重透支，健康发展受到严重威胁。具体而言，一是影响学生全面发展，作业聚焦知识点甚至考点，学生的能力、品德、审美、身体等方面的发展严重不足；二是影响学生的个性发展，学生千人一面都为备考做同样的作业题目，个人兴趣爱好不能得到满足，个性潜能不能得到发展；三是影响学生的主动发展，过重课业负担导致学生身心疲惫，使学生的学习成为被动的、不得不为之的事情，学生学习的内在驱动力不足；四是影响学生的可持续发展，人的可持续发展需要能力和动力的双轮驱动，作业负担过重，导致学生能力不足、动力不足，严重影响学生一生一世的发展。

如何进行作业改革？

其一，关注作业效能，提高作业质量。效能即目标的达成度。作业是教学的组成部分，是为达成教学目标、育人目标服务的。衡量作业合理与否的根本标准在于作业能否有效促进学生的全面发展、个性发展、主动发展与可持续发展。在 21 世纪的今天，要坚持作业的"素养导向"，即把培养学生的 21 世纪核心素养作为衡量作业合理性的时代标准，尤其要关注作业对于创新能力、批判性思维、公民素养、交流与合作能力、自主发展能力、信息素养的促进作用，改变传统的作业内容与作业形式，尤其要大量减少记忆性、机械性、重复性、应试性作业的比重。

其二，减少作业数量，优化作业结构。（1）学校应加强学科组、年级组作业统筹，从整合与结构化的视角减量增效、优化作业结构，同年级各学科教师把所有的作业放在一起进行分析研判，看看总量有多少、中等能力的学生用多长时间才能做完，以此确定合理的作业量，有些学科甚至没有必要布置家庭作业。（2）作业数量要坚持"最小化原则"，即所留作业能满足巩固、诊断的几个基本功能就可以了。要减少甚至禁止使用各种作业题集、辅导资料。（3）不要赋予作业过多的功能，不要把其他教学环节如备课、上课环节该完成的任务强加给作业环节，不能以练代教。（4）要减少过度的课前学习，先学后教对不少学生未必有效。（5）一些新型的作业形式如项目化学习、实地调研、STEM 学习等，尽管理念先进，但是其难度与时长比起传统型的知识类作业，有过之而无不及，也要慎用或少用，绝非多多益善。（6）教师对于布置的书面作业要全批全改，这有利于抑制教师多布置作业的冲动。

其三，改进教学方式和考试方式，降低作业难度。在教学诸环节中，作业仅仅是其中一环，也仅仅能发挥这一环的作用，作业不能越俎代庖，更不能包打天下。从逻辑上讲，作业的前置环节是课堂教学，后置环节是考试评价，二者对于作业都会产生深刻影响，改革应该在统筹三者的基础上进行。一个显而易见的道理是：如果课堂教学把知识讲清楚了、给学生讲明白了，那么，作业也就不难做了，课后学生也完全没有必要多做题去复习巩固，课前也没有必要拿出时间去"先学"；如果考试的难度降下来，都根据国家课程标准的要求出题，没有难题怪题偏题，那么作业中也就没有必要出现难题怪题偏题了。

说到最后，我还是希望不要赋予作业过多的功能，作业完成其基本功能就万事大吉了。说句可能有些过头的话：作业尤其是家庭作业，越少越好，给孩子留下疯玩的时间、发呆的时间、读闲书的时间、无所事事的时间、满足兴趣爱好的时间、欣赏春花秋月的时间。总之，不要让他们身心透支，让他们把身体养得棒棒的、精神养得足足的，这样的学生，才有后劲，才有更加美好的未来。千万不能让他们未老先衰，更不能让他们"躺平""内卷"。

有些青少年，中小学阶段学习相对轻松、身心畅旺，到大学玩命学、后劲十足；有些青少年，中小学阶段玩命学、身心疲惫，到大学拼命玩、没有后劲。哪一种更好呢？我们的学生又属于哪一种呢？

（原文发表于《中小学管理》2021 年第 10 期，收录时有改动）

以多元共治推进"双减"工作

"双减"政策的实施，使得义务教育生态发生急剧变化，校外培训机构大幅压减，学校普遍提供课后服务，学校布置的作业数量显著减少，学生课外培训负担与过重作业负担总体上大幅减轻，学校、学生、教师、家长、补习机构的关系格局被重新改写。从这个视角看，"双减"成效显著。但同时出现的一些新情况、新问题也不容忽视，如学生在校时间过长，教师负担过重，学校无力支付教师提供课后服务的报酬，课后服务难以可持续发展，某些家长和学生对于学科类培训依然有强烈需求，一些家长对当地减负政策有负面评价等，甚至在某些地区和学校出现了学生学业质量下降、教师职业吸引力下降等情况。

如何解决这些棘手、急迫的问题？如何让"双减"工作行稳致远、合理推进？"双减"政策旨在减轻学生负担、遏制资本在教育领域的无序扩张，无疑是利国利民的宏观政策。但"双减"政策涉及多方利益的调整，不仅涉及政府、学校、社会组织、市场主体（培训机构）等组织的利益，更涉及学生、家长、教师等个体的利益。这些组织与个人，都属于利益相关者，都有强烈的利益诉求。

多元共治是教育治理的本质特征，多元共治意味着各方主体可以充分表达利益诉求，可以深度沟通、协商如何有序、有效解决问题，可以有效整合利益冲突并形成共识，可以使执行层面的政策举措更加科学合理。但迄今为止，"双减"政策主要是各级政府运用行政命令强力推进的。政府一力主推，不是"多元共治"。某些地方政府在执行过程中，不结合当地实际，也不征求学校、教师、学生、家长的意见与建议，所采取的推进措施过于机械与刚性，不仅没有达成政策目标，反而带来了更多的问题。在推进"双减"政策的最初阶段，这种做法无可厚非，即便矫枉过正也有其一定的合理性，但当前"双减"工作已经进入需要深化、细化的新阶段，而且出现了很多非常棘手的、原来没有预料到的问题，任何一方主体对其复杂性的认识、对问题解决路径的认识，都是非常有限的。政府也不例外，政府的认知能力也是有限的，即便抱着善良的愿望"为民做主"，也难以解决复杂现实所带来的信息不足的问题，而多元共治则能够比较有效地解决这一问题。如果个别地方政府对上"报喜不报忧""睁着眼睛说瞎话"，不愿或不敢向上级汇报出现的真实问题，甚至指示辖区学校为上报数据好看而作假，这就更属于等而下之的劣政了。

多元共治的精髓不是大家一起简单投票并少数服从多数，而是形成最大或最小共识之前的、做出集体决策之前的民主协商，国内外学术界都把民主协商（或"协商式民主"）视为治理的精髓、现代民主的新形态。我国当前的热点词"全过程民主"也把民主协商作为其关键环节。民主协商，就是有事好商量、大家的事大家商量。

多元共治的最大优势是其决策更趋于合理化。"双减"工作是个非常复杂的系统工程，"双减"进入新阶段，需要对现存的真实问题、对上一个阶段所采取的举措等等，进行利益相关者参与的、充分且严肃的讨论，这样才能推动"双减"工作健康持续发展。需要讨论的问题有：学校提供延时服务，在"双减"初期有利于挤压培训机构生存空间，可谓成效显著，但在"双减"工作进入新阶段的当下，是否需要改变形式？学生在校时间过长，到底是减了负担还是增了负担？有利于学生的身心发展吗？政校（政府和学校）与培训机构的关系是对立关系还是伙伴关系？可不可以引入市场机制，采取购买服务的方式，引进优质合规的培训机构入校开展教育活动，以充分利用培训机构所积累的优质教育资源？

推进下一个阶段的"双减"工作，在政策工具的选择方面，需要进一步充实和丰富政策工具箱，不能只是使用行政性工具，还需要把经济性工具与社会性工具纳入工具箱。经济性工具即市场性工具，教育市场化是有危害的，但是反对教育市场化不等于否认市场机制对于教育的价值。推进"双减"工作，可以考虑适度引入市场机制，以减轻政府的压力。行政性工具和经济性工具有互补之效，二者之外，还需要社会性工具的介入，即政府与市场之外的多元主体对于"双减"事务的参与，社会性工具的介入就是本文所讲的"多元共治"的体现。多元共治能带来"双减"工作的善治，能带来更加公平、更高质量的教育。推进"双减"工作，需要三种政策工具"三管齐下"。

（原文发表于《中小学管理》2022 年第 4 期）

改造我们的考试

　　1977 年，高考在中断了 11 年之后重启。2014 年 9 月，国务院发布《关于深化考试招生制度改革的实施意见》，带来了被称为历史上"最彻底、最全面"的一次高考改革。从全国来看，除上海、浙江于 2014 年率先启动改革试点外，其余省份的启动时间大多集中于 2017 年。所以，今年是恢复高考 40 周年，也是"新高考元年"。

　　对于高考的作用，人们认识不一，甚至评价迥异。实际上，高考只有三天，而中小学教育持续 12 年，这 12 年学生所经历的大小考试累加起来，对其素质发展的影响显然比三天高考更为深入和巨大。本文所讲的考试，包括高考在内的所有中小学阶段的常规考试，也包括教师个体层面对学生进行的小测验。考试是指挥棒，对于学生发展、学生学习行为、教师教学行为、学校管理行为甚至政府行政行为都会产生深刻的影响。所有这些考试，都需要改革和改造，高考改革只是其中之一。

　　在现实中，为考而学、而教、而管是司空见惯的事，其实质是为利益而考。考试不是目的，只是获取某种利益的手段。但考试也是一种必要的诊断、检测学生发展状况的手段，是公平公正地选拔人才的手段。考试不可能废除，还会持续存在下去。既然考试不会被废除，加之考试与利益相关联，考试就会是教育中最大的"指挥棒"。我们要好好利用"考试"这个指挥棒，让考试更好地为素质教育服务，为学生发展服务。

考试不是万恶之源，但考试的确需要改革。考试改革需要关注以下几点。

首先，考试不能偏离教育目标，要解决"为什么考"的问题。教育的目标是促进学生的全面发展、个性发展、自主发展、可持续发展，考试要为此服务，要为素质教育服务。要把考试置于正确和明确的教育目标之下。基础教育阶段的每一位教研员、中小学的每一位教师，在出大大小小的各种试卷时，要谨记考试最重要的目的是"为学生发展而考"，只有如此，考试才能发挥良好的引领与导向作用，而不至于走向歧途。考试改革一定要关注学生的长远利益和根本利益，而不是眼前利益和小微利益。

其次，改革考试内容，解决"考什么"的问题。在当前背景下，要在核心素养培育与考试改革二者之间建立起更强的联系。不要把考试与素质教育对立起来，与核心素养培育对立起来。当前中小学考试内容存在"结构性失衡"，过于偏重对知识点的记诵，过于偏重对记忆能力的考查，这些都重要，但是都属于基础素养，而当前考试对于高级素养即核心素养关注不够。核心素养是 21 世纪学生需要具备的关键少数高级素养。中小学的考试内容需要升级换代，要把创新能力、批判性思维、民主参与、交流能力、合作能力、信息获取与整合能力等高级素养的考查纳入考试内容当中。就中高考的内容改革而言，关键不是增减考试科目、缩放知识点的范围，而是关注对高级认知能力等高级素养的考查。

最后，改革考试技术，解决"素质如何测量"的问题。在学生素质的构成中，知识相对而言是最容易测量的，能力次之，态度（情感、价值观等）最难测量。在传统的考试中，最容易测量的知识往往被强化、被放大，比重最大甚至成为考试的全部内容，而能力和态度因为难以测量往往被弱化、被漠视。

要改变单一的纸笔考试形式，考试评价方式要多样化。纸笔考试的形式有其局限性，如很难考查学生的合作能力、口头交流能力。要充分借鉴一些国家的考试方式，立体测评学生的多维素质。同时，纸笔考试也需要进一步改进，如我国一些地区的高考作文试题、历史试题饱受诟病，有很大改进空间，要避免泛政治化、简单化、幼稚化的倾向，可以借鉴一些国家的好做法。如法国高中会考的作文高考，时长4个小时，就某一个题目进行深入论述，很考验学生的思维功力与价值观，如以下题目：我们是否有责任追求真理？是否所有的信仰都与理性相悖？平等是否危及自由？与科学相比艺术是否不那么必要？技术进步是否改变人类？我们要以更高的标准比如从创新能力、独立思考的视角出发，改造我们的纸笔考试。

总之，考试改革要服从于、统一于培养目标，要向培养目标看齐，这是考试改革的最高原则。考试改革要抓住要害，谨防复杂化与平庸化。当前的高考改革有此倾向，要引起警惕。

（原文发表于《中小学管理》2017年第7期）

高考改革何处是尽头？

我国自 1977 年恢复高考，40 年来高考改革一直未断，大大小小有 30 余次之多。尽管如此，高考依然不能尽如人意，一些老大难问题还是没有得到解决。于是，被称为史上"最彻底、最全面"的新高考改革方案就应运而生了，2017 年也因此被称为新高考元年。

最彻底、最全面主要表现在何处？一是文理不分科，高考科目采用"3+3"方式，即语文、数学、外语三门统考科目，加上三门学生自主选择的选考科目，选考科目不分文理科、增加组合。二是高校招录采用"两依据一参考"政策，即依据学生统一高考成绩（语、数、外统考成绩）和高中学业水平考试成绩（三门选考科目成绩）、参考高中学生综合素质评价信息来录取，并不只是以文化课考分录取学生。三是通过多次考试，解决"一考定终身"问题，把考得最好的那一次成绩计入总分。

社会各界对于新高考充满期待。但是，新高考改革真的能毕其功于一役吗？历次高考改革都秉承良好的愿望，但是往往难遂人意。最可怕的是老问题没有解决，又产生了诸多更为严重的新问题。

关于此次新高考改革带来的影响，政策设计者、理论研究者和实际工作者需要关注这样几个问题。

其一，学生的兴趣爱好未必能得到满足。新高考改革的关键词是"选择"，让学生自主选择考试科目、考试时间、报考高校与报考专业。人们主观认为，给了学生自主选择的机会，学生的兴趣爱好自然就能得到满足，其实不然。因为学生和家长在选择时往往首先考虑的是"利益"、是"胜出"，而非兴趣。田忌赛马式的博弈、对冷门科目的选考、对难学科目（如物理）的回避等，都反映出人们在选择时的机会主义、实用主义倾向，这是"理性算计"的结果，无可厚非。选考什么科目与满足学生个人兴趣没有直接的一一对应关系，其中的利益考量往往大于兴趣爱好。

其二，学生的全面发展未必能得到实质性促进。"两依据一参考"旨在促进学生全面发展，但在实际操作中，由于诚信体系的不完善，"一参考"容易流于没有区分度的形式主义，难以起到应有的门槛作用，甚至会导致学生、家长、教师、学校弄虚作假，反而不利于学生的品德成长。"一参考"容易被虚化，"两依据"才会被真正强化，而"两依据"的实质依然是文化课的考试分数，分分计较难以避免，并不能衡量学生的全面发展情况和综合素养。而且，三科的选考有向纯粹的选拔考试分化的可能，学生偏科似乎不可避免。

其三，一考变多考可能增加了学生的考试负担与课业负担。首先，选考科目高一就要提前确定，而且要与将来要报考的高校或专业的招生要求相匹配，而此时学生刚升入高中，刚刚 15 岁，兴趣爱好未必定型，但此时就要确定选考的三门科目，实际上具有很大盲目性，"一考定终身"变为"一选定终身"，学生与家长感到茫然，压力巨大。其次，考试密度大、次数多，学生考试压力大增。例如在浙江省，假如某个考生对每一个事关高考成绩的考试机会都不放过，那么高中三年要参加的高考场次多达 10 场；如果再加上同样有 2 次机会的学业水平考试，即语数和其他四门学考科目各有

2 场，那么学考加选考的场次最多可以达到 22 场。这样一来，学生由原来只参加高三时 6 月的一次高考冲刺，变成了高中阶段 4 月、10 月和 6 月的多次冲刺，学业负担更重了。

其四，学校正常的教学秩序有可能受到严重冲击。计入高考总分的选考科目开考时间大幅提前，导致开课提前、进度加快；学生选考产生多种选课组合，多达 30 种左右，这导致学校合理安排教师、课程、教室成为难题。一些学校还出现了赶抢进度、停课搞"学考会战"、延长教学时间占用晚上和节假日复习等情况，使得原有教学秩序受到很大影响，正常的教学节奏被打乱。教师、教室等教学资源相对短缺，教学管理成本大幅攀升。上海、浙江是教育发达地区，在高考改革试点中，不少学校都存在师资和硬件资源不足、学生职业生涯教育缺失等情况，预计在中西部地区这种现象将会更严重。

可见，理想很理想，现实很现实。高考改革还没到尽头。进一步的改革需要抓住高考改革的实质，紧紧围绕"培养什么人"这一关键问题设计高考的内容与形式，加强对学生核心素养的考查，力求简洁高效，不使教学秩序大起大落，避免出现改革的复杂化与平庸化。我们不能无休无止地、不停地改，学生和教学秩序经不起反复折腾，要看准了再改，不能老是摸着石头过河，要用科学精神和民主精神指导高考改革，要听取不同的声音尤其是来自学校基层的声音，使高考真正成为促进学生全面发展、个性发展的指挥棒，成为改善学校教学方式和管理方式的指挥棒。

（原文发表于《中小学管理》2017 年第 8 期）

第 四 编

加强拔尖创新人才培养与英才教育

教育既要有教无类面向全体学生，又要因材施教进行差别化培养。英才教育并不神秘，只是因材施教的一种形式。

中小学有没有培养拔尖创新人才的责任？

"拔尖创新人才"是政策话语，也是热点词语。"拔尖创新人才培养"是当前的热议话题，不仅事关教育强国建设，更涉及国家富强与民族复兴大业，其重要性不言而喻。但是，对于中小学与拔尖创新人才培养的关系，以及对拔尖创新人才的认识，人们则有不同看法。这些不同看法聚焦到以下几个问题：中小学属于基础教育阶段，能培养出拔尖创新人才吗？中小学有没有培养拔尖创新人才的责任？

要回答这些问题，必须依次搞清楚以下几个问题。

第一，什么是拔尖创新人才？

有人认为拔尖创新人才是个复合概念，既包括拔尖人才也包括创新人才，且二者不同。本文则认为，"拔尖"不是指层层选拔，更不是指考试升学中的"掐尖"，而是作为"创新"或"创新人才"的限定词、修饰词，是指"拔尖的"，亦即优异的、卓越的、出类拔萃的。创新人人可为，但分为大创新、小创新、微创新等不同层次，与之相应，创新人才也分为不同层次，拔尖创新人才的准确含义是"能够产生大创新的人才"。这种人才必须有大创新的成果，这种成果必须经过多年的深入探索、潜心研究才能产生出来。拔尖创新人才也是在其创新成果被社会肯定之后才实至名归的。

可见，中小学阶段的毕业生离社会所公认的拔尖创新人才还有很远距离。因此，有人反对在中小学阶段提拔尖创新人才培养，理由就是这个阶段根本培养不出来拔尖创新人才。

第二，中小学对培养拔尖创新人才该不该承担责任？

拔尖创新人才的成长和成熟要历经漫长的时间，要经历幼儿园、中小学、大学、职场等诸多环节，是多环节、多因素共同作用所合成的结果。从理论上讲，即便中小学培养得很好，学生都能得到全面发展、个性发展，核心素养尤其是创新能力都培养得很到位，但是如果大学教育稀松平常、质量低劣，那么大学毕业生工作以后也难以成为拔尖创新人才。进一步讲，即便大中小幼所有阶段的教育质量都很高，但如果这些毕业生进入职场后，社会用人制度、评价制度不以创新为导向，社会文化还是奉行"枪打出头鸟""木秀于林，风必摧之"等落后价值观，拔尖创新人才也很难在职场、在科研实践中产生，更不可能大量产生。

拔尖创新人才是多阶段、多因素共同影响的结果，就会造成培养责任不清的问题。比如：一个人尽管天资聪慧，但是最后没有成为院士那样的拔尖创新人才，这到底是谁的责任？是中小学或者大学没教好，还是工作以后用人单位没有培养好、没有用好（没有提供必要的平台、团队、项目支持）？再比如说，我国的两院院士，尚无一人获得诺贝尔奖自然科学奖项，这是中小学或者大学没教好，还是院士评选与管理制度有问题？

最容易做但最没有意义的就是相互推卸责任：中小学认为大学要求不严、没有教好，大学则抱怨中小学实施题海战术、误人子弟；或者大中小学一起认为社会用人不当，而用人单位则认为学校教育不力。结果因为责任难以说清就变成责任不清，变成谁都没有责任，那么高水平科技创新尤其是最能反映一个国家创新高度的诺贝尔奖自然科学奖项将会寥若晨星甚至比晨星还少。最难做但最该做的是各司其职，把自己分内的事情做好。就中小学而言，其对拔尖创新人才培养的主要责任就是打好基础，因为基础不牢，地动山摇。

第三，中小学对培养拔尖创新人才该承担什么样的责任？

中小学该承担打好基础的责任。什么才叫打好基础？分数高就是打好基础吗？显然不是。打好基础主要不是指中高考分数考得高，甚至也不是五大学科竞赛奖牌拿得多，而是后劲足、走得远。现实是，我国学生的 PISA 成绩比美国好很多，我国中学生在世界五大学科竞赛中表现优异，获得很多金牌银牌，但是我国中学生中将来想从事科学研究的人数占比很低，我国科学家获得诺贝尔奖自然科学奖项、数学菲尔兹奖、信息技术图灵奖等科技大奖的人数极少。

因此，打好基础不只是打好知识的基础，更重要的是打好能力、动力、体力的基础。其中能力包括创新能力、批判性思维能力，动力涉及兴趣、责任感、人生志向，体力是指强健的体魄。当前的中小学教育给学生的知识太多了，通过早学和多学这种填鸭式教学让学生获取相对竞争优势，但是学生的能力、动力、体力发展严重不足，其结果是误国误民误学生一生。打好基础要求调整学生素质结构，夯实能力、动力和体力的基础，让学生后劲更足、飞得更高。

第四，中小学履行培养拔尖创新人才的责任，培养对象是全体学生还是部分学生？

有人认为中小学培养拔尖创新人才只是针对通过各种方式选拔出来的极小一部分"神童"，这种观点无疑是错误的。在中小学阶段是不可能产生拔尖创新人才的，把通过各种方式选拔出来的中小学生视为"拔尖创新人才"显然是错误的，有些学生甚至可能只是"拔尖的考试人才"，与拔尖的创新人才有天渊之别。中小学履行培养拔尖创新人才的责任应该主要是培养学生的创新能力，而不是直接培养出拔尖创新人才。

创新人人可为，人人可学，因此，要面向全体学生进行创新能力培养。只针对鉴别出来的一部分学生开展拔尖创新人才培养，不仅不符合拔尖创新人才的成长规律，而且会造成教育不公平，好像只有少部分人才有可能成为拔尖创新人才，才是拔尖创新人才的合格后备人选。须知"鉴别"是会有误差的，而且有些人是大器晚成的，况且不少世界级的拔尖创新人才如爱迪生等，中小学阶段甚至还是差等生。但是，不能因此就否认针对部分天赋优异的学生开展英才教育的必要性与可能性。教育既要有教无类面向全体学生，又要因材施教进行差别化培养。英才教育并不神秘，只是因材施教的一种形式。

第五，如何避免中小学拔尖创新人才培养沦为"掐尖"教育？

很多人反对针对中小学生的选拔，我认为关键是要看这种选拔的性质与用途。当前，一些中学层层掐尖、不断淘汰，认为这就是"拔尖"，且拔出来的就是"拔尖创新人才"，其实大谬不然。他们尽管打着培养拔尖创新人才的幌子，其真实的、最后的目的却是提高升学率尤其是"清北率"，与真正的拔尖创新人才培养南辕北辙。

谁都不会反对因材施教，但因材施教的前提是"识材"，识材的过程是一个鉴别的过程，对于资优学生、英才儿童的鉴别也是一个识材的过程。识材不是为了单独编班，不是为了拔苗助长，不是为了贴标签，而是为了更好地因材施教。而且识材要有多种方式，不是一考定终身，要多次、运用多种方法去鉴别，以做到精准识材与精准施教。中小学阶段的学生鉴别更多的是为因材施教而进行的"识材"，而不是拔尖创新人才意义上的"选才"。中小学生还没有成才，但是中小学要更好地促进学生"成才"，首先要"识材"，进而再因材施教，如此才能为拔尖创新人才培养做出更好的贡献。

　　我们要的是因材施教，而不是"因才施教"。材是多方面的，包括知识、能力、动力、体力等等，而"才"在当前的考试评价标准下往往只是分数的代名词，是过于单一的，是片面的。为分数、唯分数的学生是走不远的，将来也难以成为拔尖创新人才；为分数、唯分数的中小学教育也难以为拔尖创新人才培养奠定坚实基础。

（原文发表于《中小学管理》2024 年第 2 期）

拔尖创新人才培养要警惕"掐尖"乱象

　　拔尖创新人才培养涉及国家发展和个体发展，是一件大好事，但是要把好事办好也不容易。最令人担心的是，各方一哄而上，但又各有自己的小算盘，一些区域、大学和中小学打着拔尖创新人才培养的旗号，继续搞唯分数、唯升学、掐尖招生那一套，把一些落后甚至倒退的做法合理化了。"拔尖创新人才"中的"拔尖"，是创新人才的修饰词，是个形容词，有卓越的、优异的、出类拔萃的等含义。但是，有些区域和学校却将"拔尖"看作一个动词，理解为"选拔"，理解为根据考分"掐尖"，将拔尖等同为"选拔+掐尖"。这种对拔尖的理解在有些地区大行其道，产生了诸如"唯分数"现象加剧、层层掐尖、重选拔轻培养等问题。健康的、正常的、具有实质意义的拔尖创新人才培养必须解决这些问题。

　　第一，解决"唯分数"现象加剧的问题。由于掐尖的依据是考试分数，"唯分数"现象较之以往更为严重，学生学业负担加重，学习更为内卷。例如："强基计划"在招生录取时，高考成绩占85%，其他考试和评价结果加在一起占15%，还是以高考成绩为主，与国外鉴别有潜力学生的方式相比，对于创新能力、动机水平的测评严重不足。这种做法一方面导致高校在招生时自主权不足，不能把有创新能力和创新动力的学生选出来；另一方面，高考成绩是各科成绩加总的做法，也不利于选拔出有突出特长但总分不高的偏才与怪才，不利于不拘一格选人才。

"强基计划"对于高考分数的倚重，产生了强大的前向关联效应，把重视考分的观念和做法从高考招生向前传导到高中、初中甚至小学阶段。目前很多地方虽然没有小升初的升学考试，但是小学阶段区域性的统测依然存在，"唯分数"的顽瘴痼疾并没有被彻底治愈。尽管"双减"新政实施之后，学生负担在全国范围内有所减轻，但在某些地区学生负担不减反增。一些地方的示范性高中在拔尖创新人才培养方面自诩为"最佳"，实为当地的"卷王"，就读此类学校的学生也是当地最苦最累的。

第二，解决层层掐尖破坏教育生态的问题。一些地方把根据分数"拔尖"这种做法做得很彻底，落实到各级各类教育，导致大学面向高中掐尖，高中面向初中掐尖，初中面向小学掐尖，重点校、重点班打着"拔尖"的旗号实施掐尖的行为，使各学校陷入激烈的生源大战，教育秩序尤其是基础教育秩序受到干扰，甚至义务教育的生态受到一定破坏。

一些大学的少年班（重点班）以及"强基计划"的招生，演变为抢夺优秀生源的大战，使得少年班或"强基计划"成为重点大学掐尖的"尚方宝剑"。例如：某所重点大学的招生机构或名教授，以大学或项目的名义与很多示范性高中甚至初中签署合作协议，以此提前锁定优质生源。重点高中即示范性高中也不甘寂寞、纷纷出击，某所重点高中尤其是某区域最好的高中往往与多所高校签署合作协议，成为生源提供校。最后形成的局面是，几乎每所重点大学都与多所重点高中签署了合作协议，每所重点高中也与多所重点大学签署了合作协议，貌似热闹甚至繁荣，实为无序甚至混乱。由于五大学科竞赛成绩也被列入"强基计划"招生的评价范围，许多高中不惜人力财力请教练、打比赛，导致当地高中之间的激烈竞争甚至是恶性竞争。

　　以上种种都导致了教育生态的恶化，似乎拔尖创新人才培养只是部分重点大学、重点高中的事情，其他高中尤其是薄弱高中以及当前亟待振兴的县中，是没有资格进入这个圈子的，也没有资源搞学科竞赛。可以说在"强基计划"的执行过程中，重点大学与重点高中碾压一众非重点大学和非重点高中，这实际上是不公平的，毕竟有潜力的学生并不只是在重点高中就读。当前某些重点大学与某些重点高中的所谓"强强联手"，实为小圈子内部的利益共谋与利益垄断，破坏了公平均衡的教育生态与高考生态。

　　第三，解决重选拔轻培养的问题。当前的一些做法强调选拔而忽视了对学生创新能力的培养，致使一些地方的所谓拔尖创新人才培养完全背离了其本质要求。拔尖创新人才是在工作和科研活动中脱颖而出的，中小学毕业生只是十来岁的未成年人，还不是现实意义上的拔尖创新人才。因此在基础教育阶段，不论是拔尖创新人才还是拔尖创新人才培养，其中心和重点在"创新"二字，中小学要着力培养学生的创新能力，包括培养学生的创新性思维和创新型人格。现在很多地方和学校的做法是只根据分数来选拔，而在培养学生的创新能力方面没有实质性的做法，更谈不上实质性的突破。

　　总之，拔尖创新人才培养要收到实效，必须正本清源、从长计议，要做好顶层设计、有序推进，不可急功近利，更不可借着拔尖创新人才培养的名义，去提高升学率尤其是"清北率"。要重视培养环节，解决"唯分数"问题，把培养每个学生的创新能力放在首要位置。要治理高校高中合作以及高校招生中的乱象，维护良好的教育秩序，尤其要维护基础教育阶段的教育秩序。

　　　　　　　　　　　　（原文发表于《中小学管理》2024 年第 3 期）

英才教育势在必行

我们要实现建成现代化强国的国家目标，就必须提升我国的创新能力，而要提升创新能力，英才教育则必不可少、势在必行。培育英才应该成为知识经济时代中国教育发展的重要战略任务。

英才教育并不神秘，是指针对英才儿童（gifted and talented children）开展的适合其身心特点和接受能力的教育。英才儿童是指那些与处在同一环境中的同龄人相比，能够取得高成就或有着取得更高成就潜能的儿童，他们在智能、创新能力、艺术能力、领导能力或特定的学术领域具有较高的水平。对于这类儿童，还有天才儿童、资优儿童、超常儿童、早慧儿童、神童等各种称谓，此处统一称之为"英才儿童"。从各国英才教育的实践看，一般把同龄人中的前10%的儿童确定为英才儿童并给予区分性教育，但排在同龄人前1%—3%的英才儿童会受到更重点的关注。

英才儿童是一个国家的战略资源和稀缺资源。能否将这一资源开发好、利用好至关重要，涉及一个国家的核心竞争力。"英才教育"在华语世界称谓不一，我国大陆地区称为"超常教育"或者"英才教育"，港澳台地区称为"资优教育"，对应的是同样的英文词"gifted education"。本文认为，这些称谓都可以互换使用，没有优劣高下之分。把这种教育叫什么不重要，关键是如何推进这种教育大力发展。

进入 21 世纪以后，为应对知识经济的挑战，很多国家对英才教育的重视进入一个前所未有的新阶段，英才教育与国家发展之间的联系被空前强化，各国都希望通过英才教育培养创新人才，提升国家竞争力。美国的英才教育是全世界做得最好的，而韩国的英才教育是全亚洲做得最好的。与西方国家相比，我国英才教育落后很多。一个重要原因在于存在认识误区，认为英才教育有违教育公平原则，不敢在政策上予以突破，更谈不上对英才教育进行专门立法。实质上，英才教育反映了因材施教的教育规律，满足了英才学生的教育需求，促进了英才学生的充分发展，恰恰是教育公平的体现。

对于英才教育，还有一个认识误区，就是认为英才教育就是开设专门的"神童班"，加速培养这些青少年。实际上，开设专门的神童班并不是国际上英才教育的主流模式。英才教育有两种模式，即加速教育模式和充实教育模式。加速教育模式往往单独为英才儿童开设英才班或者英才学校，采取早入学、跳级、早毕业、浓缩课程、导师制等方式，加速培养。充实教育模式是指在不改变就读年级的情况下，英才学生与普通学生同处一个教室内学习，但课内和课后都有针对英才儿童的区别性课程，向英才学生提供常规课程之外的拓展课程，包括垂直充实（增加课程的深度）和水平充实（增加课程的广度）两种。

充实教育模式是一种更为主流的英才教育模式，这种模式假设在每一所学校的每一个教室里面，都可能有英才儿童，要求学校和教师对此类儿童因材施教，满足其特殊需求，着力培养其创新能力。我国有 2.6 亿左右名中小学生，如果按照中小学生总量的1%—3%计算英才儿童的规模，我国有英才儿童约 260 万—780 万人。他们是我国重要的战略资源和稀缺资源，他们特殊的教育需要能得到充分满足吗？他们的潜力能得到充分开发吗？他们所接受的教育能让他们"吃饱""吃好"吗？可惜的是，答案基本都是否定的。

为培养创新人才进而促进国家发展，我国必须大力发展英才教育。与一些国家相比，在各个教育阶段或教育类型中（如学前教育、义务教育、高等教育、职业教育等），我国的英才教育都较为落后。我们要充分认识到我国英才教育的落后对于国家发展、人的发展造成的严重损害。要非常警惕教育公平政策实施中存在的民粹主义、平均主义思想对于英才教育的戕害，要走出对于教育公平、教育平等的庸俗性认识。

英才教育是一项具有国家战略意义的事业。我们要通过政策和立法手段促进英才教育发展。美国等发达国家都非常重视英才教育，我们作为发展中国家，更没有理由不重视。为了中华民族的复兴，为了提高我国在全球化时代和知识经济时代的国际竞争力，为了每个英才儿童的充分发展，为了真正做到因材施教，我们没有理由不重视英才教育。我们期盼着中国英才教育春天的到来！

（原文发表于《中小学管理》2018 年第 8 期）

中国该不该大力发展英才教育？

英才教育就是人们通常所说的"神童教育"，在我国也叫超常教育或超常儿童教育。中美科技竞争的加剧以及美国在核心技术方面对我国"卡脖子"的行为，导致我国对于原始创新和高层次拔尖创新人才的需求激增，英才教育在近期成为一个热点问题，教育部也立项了若干委托课题并组织开展了相关调研。笔者主持承担的一项课题是"中国英才教育政策研究"。在调研过程中，我们与各方人员座谈交流，发现各方对于英才教育的认识并不一致，有几个突出的问题需要关注与讨论。

第一，英才教育有效果吗？有。这已经被许多国家的英才教育实践所证实。世界上英才教育做得最好的国家是美国，亚洲做得最好的是韩国，英国、澳大利亚、以色列、新加坡的英才教育也都享誉世界。1957年苏联人造卫星上天，1958年美国颁布《国防教育法》，开始实施英才教育，至今不衰。美国把英才教育作为提升国家科技竞争力的战略举措，把英才儿童作为国家战略资源。

国内有人质疑英才教育的效果，主要是根据国内英才教育实践中出现的局部问题所形成的片面认识：一是大学少年班的学生并没有都成为优秀的科学家；二是没有准确的定量数据能证明少年班学生对社会的贡献。本文认为这两点都不足为据。从逻辑上讲，"这件事做得不够好"不能成为"这件事不该做"的理由。比如由于缺乏经验或者出于其他原因，以前的英才教育没有能够较好地发展英才少年的情商和社会交往技能，而这恰恰说明如果补上了短板，效果就可以变好。另外，没有准确的定量数据能证明少年班学生对社会的贡献，这只能说明相关的跟踪研究还不够，而且，不能用数据证明不等于就不存在。

英才教育的对象即英才学生。与处在同一环境中的同龄人相比，英才学生在智能、创新能力、艺术能力、领导能力或特定的学术领域能够取得高成就或有着取得更高成就的潜能。他们天资聪慧，"给点阳光就灿烂"，如果教育得当，极小的投入就可以带来极大的产出，成才后他们可以为社会创造更多的财富，进而惠及全体大众尤其是底层民众，能更好地促进社会公平。

第二，英才教育违反教育公平吗？不违反。有人认为，学生之间本来在智力、能力上就存在差距，实施英才教育就是"把最好的教育提供给最聪明的人"，会进一步拉大差距，导致更大的不公平。但什么是最好的教育？最适合的才是最好的。为英才学生提供的教育，在广度和深度上是普通学生难以适应甚至难以承受的，会带来后者的挫折与自卑。因材施教是教育的基本规律，英才教育只是因材施教的一种形式。

长期以来，人们对于公平有一种认识误区，认为提供完全一样的教育才是公平的教育，实则不然。这种认识把公平与平等混为一谈。平等是一个数量概念，指的是均等性（一样）；公平是一个价值判断，本质是合理性。公平分三种，包括平等性公平、补偿性公平和差异性公平。其中的差异性公平，就是指对于个人天赋不同的学生，区别对待、因材施教才是公平合理的。如果说满足残疾儿童的特殊教育需求是公平合理的，那么，满足英才儿童的特殊教育需求也是公平合理的。教育公平与追求卓越并不矛盾。发展英才教育不仅利于英才学生群体，而且利国利民。我们要警惕民粹主义、平均主义思想对于英才教育的戕害，要走出对于教育公平、教育平等的庸俗化认识。

第三，英才教育能甄选出真正的英才儿童吗？能。对于英才儿童的甄别评测工具已经相当成熟，相关的实践经验也相当丰富。有人担心，一些普通智商的孩子通过参加社会培训也能够进入英才学生的行列，这会导致甄选失真。

但这种可能性很小很小，因为现在的评测是综合性的，而且一个人的智商是相对稳定的，培训可以提高刷题的分数，但是很难提高智商的数值。从北京八中对英才学生的综合性甄选来看，其信度、效度都是很高的。

第四，英才学生要参加高考吗？对此有两种尖锐对立的看法。有人坚决主张要为英才儿童提供绿色通道，让他们不参加高考就进入大学学习，认为如果参加高考就会使他们忙于刷题，不利于创新能力培养；有人坚决主张英才学生必须参加高考，认为如果为这部分英才学生提供绿色通道，那么腐败就会盛行，权钱就会作怪，一些权贵子弟就会混进来，很受社会好评的高考公平性就会被冲垮。本文认为两种看法都失之偏颇，可以走第三条道路。对于高中阶段的英才学生，不是不参加高考，而是让他们不参加常规的高考，参加的是另一种高考，考得更为综合，包括智力测验、人格测试、创新能力测评，以及对研究能力、研究成果的考察等。这种考评可以组织更多的专家对英才学生进行长时间的面试，实际上要求更高，比高考更难通过。对于英才学生，"因材施教"是正确的，"因材施考"也是正确的。

当前，英才教育在我国进入难得的政策窗口期，我们要抓住机遇，促成飞跃，让英才教育在我国得到健康顺利发展，改变长期以来我国英才教育的落后面貌。

（原文发表于《中小学管理》2022年第9期）

走出英才教育的认识误区

对于英才教育，中外都存在许多认识误区，即便在英才教育最为发达的美国也是如此。对于英才教育的模糊认识与错误认识都属于认识误区，这些都会阻碍英才教育的健康发展。走出这些认识误区，将有助于推进我国英才教育的政策进程与实践进程。

认识误区一：英才儿童完美无缺

英才儿童（神童）并非完美无缺。英才儿童有突出的优点，如记忆力强、注意力集中、想象力丰富、思维能力强、学得好学得快还学得轻松等。但是英才儿童也有突出的缺点，如有些英才儿童骄傲自负，自以为无所不知；有些英才儿童不顾及他人感受，说话尖酸刻薄，有攻击性，对成年人包括老师和长辈不够尊重；还有些英才儿童非常敏感，常常反应过度；等等。在教育中，不能把英才儿童神秘化，更不能"神化"，应该长善救失，尤其应该关注英才儿童非智力因素的发展。

认识误区二：英才儿童无师自通

人们往往认为，英才儿童聪明无比、自学能力强，在无人指导、无人教育的情况下也能取得好成绩。因此，在班级教学中，教师主要关注大部分普通学生和小部分学习困难学生就可以了，对于英才儿童没有必要关注，他们自己就可以把学习完全搞定。其实不然，英才儿童在智力因素方面有着特殊的教育需求，在非智力因素方面也存在许多不足。如果没有教师的因材施教，那么英才儿童可能会失去学习动力，他们的潜能很难得到充分挖掘。另外，除教师指导外，与其他同学一起学习也有利于英才儿童的社会化成长。

认识误区三：英才儿童成绩优异

人们总是把"神童"与"神奇的好成绩""不可思议的高分"联系在一起。的确，有的英才儿童学习成绩很好，甚至一骑绝尘。但是，也有一些天赋很高的英才儿童成绩并不好，甚至还很差，何以如此？问题不是出在学习能力上，而是出在学习动力上。当英才儿童无心向学时，他们并不能轻而易举地取得好成绩。在与同龄人一起上课时，由于教学难度缺乏挑战性，英才儿童会感到无聊并滋生厌倦，进而丧失学习兴趣、养成不良学习习惯，甚至干扰同学听课和教师讲课。教师往往会因此批评英才儿童，使得他们产生挫折感和抵触情绪，最后导致学业成绩下降。在教学中，教师要关注那些学习成绩不好但特别聪明的孩子，要把因材施教进行到底，让包括英才儿童在内的每一个学生都接受适合的教育。

认识误区四：英才儿童讨老师喜欢

孟子将"得天下英才而教育之"作为人生三大乐趣之一，体现了乐教的高尚情怀。但是实际上，英才儿童并不好教，也不一定讨老师喜欢。有的英才儿童自恃天资聪慧，甚至看不起任教老师的解题能力与智商水平；有的英才儿童好奇心强，不时问老师一些高难度问题，让老师不会回答而陷入难堪之境；有的英才儿童由于智力因素与非智力因素发展不平衡，会出现一些心理偏差与问题行为，老师教起来会更加困难。因此，教师对于英才儿童要更加包容、更有耐心。

认识误区五：英才儿童受同学欢迎

人们往往认为，英才儿童在同龄人中总是很受欢迎，实际上恰恰相反。同龄的同学们对英才儿童有着"羡慕嫉妒恨"相互交织的复杂态度，往往排斥他们，这种情况在中学时期尤为显著。英才儿童在智力上卓尔不群，是学生中的极少数，他们喜欢与自己智力水平相当的高年级学生交往，而不喜欢与同龄人交往；常常特立独行，不合群，比较孤独孤立，甚至会成为同学眼中的"怪物"。英才儿童对于外部环境比较敏感，而同龄人的不欢迎态度又进一步强化了他们的孤独感，这让他们的学校时光不是在快乐中度过的，而是在煎熬中度过的。

认识误区六：英才儿童在学习上帮助同学可使双方受益

有些英才儿童学习成绩优异，老师就把他们树立为全班同学的榜样，并让他们去帮扶学习成绩差的学生。很多人都认为这是一种助人为乐的好做法。其实不然，这种做法对双方都没有益处。英才儿童如果习惯了帮扶他人的学习，就会自视甚高，从而降低自己的动机水平与自我期待，不想再学习新的知识、难度更大的知识，不利于潜能的发挥。英才儿童只有在与自己智力水平相当的同伴互动中才能受益。而被帮扶的学生尽管受到了帮扶并提升了学业成绩，但是"被同学帮扶"本身并不能提升普通学生的自信心，反而会导致较低的自尊水平。

此外，人们对英才教育还有两大认识误区：其一，认为英才教育只有"英才班"这样一种较为激进的加速模式，但实际上有多种形式；其二，认为英才教育有违教育公平，实际上英才教育是因材施教、差异性公平的具体体现，是更高水平的教育公平。对此，笔者在《英才教育是教育公平的高级形态》《发展英才教育可以有多种形式》等文章中有详细论述，这里不再重复。

（原文发表于《中小学管理》2023 年第 2 期）

英才教育是教育公平的高级形态

英才教育是针对英才儿童所实施的特殊教育。英才儿童在数量上仅占同龄人的小部分，不同国家和地区划定的比例不同，从同龄人的前1%到前15%不等，但是排在同龄人前1%—3%的儿童会受到特别的关注。由于只针对同龄人中的小部分人，即所谓的"神童"，英才教育从一开始就存在争议，中外皆然，最主要的争议是关于英才教育的公平性问题。本文想强调三个观点。

第一，英才教育不违反教育公平，与普通教育相比，英才教育这种特殊教育形式体现的是差异性公平。

有人认为，英才教育是面向小部分智商高的学生，不是面向全体学生的，因此是精英教育，违反教育公平原则；还有人认为，英才教育是"把最好的教育提供给最聪明的人"，使得英才学生与普通学生之间的差距进一步拉大，使得教育的结果更加不公平。

这两种认识都是错误的，二者都持这样一种观点：只有为所有学生提供一模一样的教育，才是公平的。这是一种平均主义、民粹主义的教育公平观，是错误的公平观。在学理上，平等与公平是两个不同的概念：平等是指教育资源配置上的均等或一样，是一个量的概念，是一个事实判断；而公平是指教育资源配置具有合理性，是一个质的概念，是一个价值判断。平等不一定公平，公平不一定平等。例如，残疾学生的生均经费远远高于普通学生，差距很大，二者是不一样的即不平等的，但是人们却认为是公平合理的。

教育公平分平等性公平、补偿性公平和差异性公平三种。例如：每个适龄儿童都有平等接受义务教育的权利，即教育机会均等，此为平等性公平。但在平等性公平的基础上，对于贫困家庭学生要给予教育资助，此为补偿性公平；对于残疾儿童和英才儿童这两类特殊儿童，则要给予符合他们特殊需求的教育，此为差异性公平。

教育活动必须承认一个基本的事实：学生是有差异的，必须因材施教。只强调有教无类属于平等性公平，而更高层次的公平则要求在有教无类的基础上进一步推进因材施教。可以说，因材施教的差异性公平是教育公平的一种高级形态，是更高层次的教育公平，也是与教育的高质量发展相匹配的教育公平。

有人认为英才教育是最好的教育，其实不然，适合的教育才是最好的教育。英才教育并不适合普通儿童，更不适合智障儿童。不同类别的儿童，对应不同类别、不同形式的教育，可以说是各美其美。而只有各美其美，才能美美与共。英才教育并不神秘，只是因材施教的一种形式而已。

第二，英才学生面临一些特殊的困境，更容易沦为弱势群体，需要引起全社会的关注。

英才学生是学生群体中的少数人甚至极少数人，他们有突出的优点，如记忆力强，思维力强；也有突出的缺点，如对外部评价过于敏感，看不起同学，不合群，等等。群体中的少数人、突出的优点、突出的缺点，这三者很容易让他们被同学孤立起来，甚至成为同学眼中的"怪物"。

由于有突出的智力优势，英才学生容易成为被同龄人孤立和打击的对象，同龄人对他们有一种"羡慕嫉妒恨"兼具的复杂情感。我国有"木秀于林，风必摧之"和"枪打出头鸟"等说法，国外也有类似观念。从社会心理学的角度分析，出类拔萃者容易受到来自社会自发性的集体性否定。由于英才学生突出的缺点，他们更容易出现抑郁、焦虑、易怒等状况，使得来自同龄人群体的孤立与否定得以强化。但是，又由于他们具有突出的智力优势，他们的特殊学习需求与心理问题不易被识别出来，更难以被师生认同，结果导致他们的特殊需求更容易被忽视，导致他们的校园生活并不快乐，而是煎熬。只有对他们实施英才教育，他们才能得到拯救。

第三，并非每个英才学生都能接受到适合其特殊需要的英才教育，针对英才儿童的教育公平还有很大改进空间。

讨论英才教育的公平问题有两个比较的维度：一个是英才学生与普通学生的比较，关注对于英才学生的差别化对待，即差异性公平；另一个是英才学生群体内部的比较，关注的是针对全体英才学生的平等性公平，对于家庭处境不利的英才学生的补偿性公平，以及对于不同类别英才学生的差异性公平。

当前，我国英才教育覆盖面较小，即便把大学少年班、中小学超常教育实验班、当前的"珠峰计划"（即"基础学科拔尖学生培养试验计划"）和"强基计划"都算上，每年接受英才教育的学生仅几千人而已，而按照最窄的口径即同龄人的前1%计算，我国大中小学的英才学生也在200万人以上。因此，面向未来，我国需要加大鉴别力度，扩大英才教育规模，把所有英才儿童（包括家庭贫困英才儿童、有残障的英才儿童）都纳入英才教育范围，使我国英才学生都能接受英才教育，全面推进英才教育的平等性公平、补偿性公平和差异性公平。

（原文发表于《中小学管理》2022 年第 12 期）

何为英才儿童：
家长和教师如何识别"神童"

开展英才教育，首要的是识别出英才教育的对象即英才儿童，也就是人们常说的"神童"，否则英才教育无从谈起。许多国家在识别英才儿童时，非常重视家长和任课教师的推荐，将家长和教师列为首要的推荐人。

在我国，不少家长望子成龙、望女成凤，认为自家孩子是天才，是神童，其实未必；有的家长甚至试图通过校外机构的培训把自己的孩子培养成神童，目的是进入"神童班"，这种做法是错误的，对于孩子是有害的。研究表明，英才儿童在不同经济社会背景家庭的分布是均匀的，这就意味着，我国城乡的每一所学校的每一个班级里，都可能会有英才儿童。因此，让每一位家长、每一位教师学会识别英才儿童，对于促进因材施教、提升学生创新能力至关重要。

英才儿童的识别与甄选，与人们对英才儿童的界定与认识密切相关。随着心理学的发展和英才教育的开展，人们对于英才儿童的认识越来越全面、深入。

在我国古代，人们对于英才儿童的认识比较粗浅，称之为"神童"或"天才"，这种认识有天命论、宿命论色彩，颇似民间常说的"老天爷赏饭吃""祖师爷赏饭吃"之类，现在学术研究中已经摒弃此类说法。但是，我们不能否认英才儿童的生物学特征，如他们的基因组、大脑活动水平等与普通儿童是有差异的。

传统的识别英才儿童的方法，主要是以儿童读写算的数量、速度等作为衡量标准。如果一个孩子比同龄人"早慧"，如能认识更多的汉字、能背诵更多的唐诗宋词、能做出更多或更难的计算，就可以被认为是神童。从现代心理学和教育学的观点看，这种做法无疑是有一定效果的，家长和教师也主要是根据这些外在的行为表现来识别孩子是否"早慧"。但是这种做法也是粗放的甚至是粗浅的，如果以读写算的成绩作为衡量标准，那么就很容易诱导家长和社会培训机构出于功利主义的动机，对孩子进行强化训练，妄图以知识记诵、考试成绩取代智力水平。

1921年，美国开始使用智力测验来识别英才儿童，这是一个很大的进步。智商是相对固定和恒定的，培训与强化可以提升学业成绩或考试成绩，但是很难提升智商。一般而言，智商高于130的儿童就可以被视为高智商的英才儿童，他们学得更快更好，可以理解更复杂的概念，进行更高水平的抽象思维。

此后几十年，人们把英才儿童视为智力超常或高智商的儿童，根据统计学的测算，这些儿童大约占同龄人的1%—3%。这是"单一能力取向"的英才概念。后来人们发现，除智商高的儿童以外，还存在体育、艺术方面的英才儿童，而且智商高的人未必有创新能力，未必对社会有创新性贡献。在此背景下，英才儿童的范围进一步拓展，表现有三。

第一，由单一能力取向走向多元能力取向。加德纳的多元智能理论为英才儿童范围的拓展提供了重要的研究基础。除一般智力之外，特殊学术才能（所谓的偏才和怪才）、艺术才能、体育才能、领导才能等也都被纳入其中。

第二，由关注智力到同时关注创新能力。人们发现，智商高的人并不一定创新能力强。一些学生智商高、考试成绩好，但创新能力不强，而人们对于英才儿童、英才教育的期待却聚焦于培养较强的创新能力，以提升国家竞争力。心理学家兰祖利认为杰出人才是以下三个因素相互作用的结果：中等以上的智力、完成任务的强烈动机、较强的创新能力。因此，只有高智商是不够的，创新能力必不可少。

第三，从关注智力因素到同时关注非智力因素。一个人完整的精神世界包括智力因素和非智力因素，二者的发展必须并重和均衡，否则就会出现心理问题。我国某些少年班学生就出现过严重的心理问题，导致不能与人交往、难以过正常人的生活。另外，一个人创新能力的发展也和非智力因素（创新型人格如兴趣、好奇心等）密切相关，没有后者，人的创新性思维也很难得到发展。

这样就拓展了英才儿童的范围，但是，在国际科技激烈竞争的背景下，各国重点关注的不是体育、艺术等方面的英才教育，而是科技方面的英才教育，尤其是关注科技创新能力的培育。

综上可见，英才儿童的特征主要表现为成绩好（学业成绩好或考试分数高）、智商高、创新能力强、动机水平高。家长、教师或相关机构不能仅根据分数或智商来确定一个儿童是否是英才儿童，而要从以上四个方面综合考量。美国佐治亚州立法确定了识别英才儿童的四个标准：在总体测试成绩中，智力水平排名在前4%，标准学业测试成绩在前10%，创新能力在前10%，动机水平在前10%。四者综合后，再确定人选。此种做法，可资借鉴。

为便于每一位家长在日常生活中、每一位教师在日常教学中发现和识别英才儿童，研究人员把英才儿童的特征（包括优势与不足）做了详尽的说明，此处列举几例，供家长和教师参考使用（见表1）。

表 1　英才儿童的特点、优势与不足（部分）

特点	积极行为	消极行为
学习能力强，学得快、学得轻松	能迅速掌握基本知识	容易厌倦，抵制作业和练习，上课干扰同学听课
注意力集中而持久	对于自己感兴趣的任务能持续投入	讨厌被打断
记忆力强，掌握大量信息	随时准备提取信息回答问题	自以为无所不知
想象力丰富，好奇心强，兴趣广泛	喜欢提问，乐于冒险，思维活跃	经常跑题，思维跳跃，杂乱无序
思维能力强，观察力强	善于发现问题	无理地纠正成年人包括自己的老师
语言表达能力强，词汇丰富	能积极有效地引导同辈群体	垄断讨论或谈话，不顾及他人感受
追求完美	与同辈相比个人表现非凡卓越	无法忍受失误，强加于人
有幽默感	享受思想的细微、精妙之处	开尖酸、刻薄的玩笑
自我激励，自我满足	对教师的指导和帮助要求较少	好斗，有攻击性，挑战权威
高度敏感，充满热情	重视公平与道德	反应过度
更愿意跟年长的人相处	比同龄人聪明、有智慧	容易被同龄人误解和孤立

可见，英才儿童的优点和缺点都非常突出，家长和教师可以根据这些表现去初步识别他们。更为重要的是，要根据这些特征对他们因材施教、宽容包容、长善救失，满足他们特殊的教育需要，让他们接受适合的家庭教育与学校教育。当然，并不是每一个英才儿童都具有这些积极和消极行为，有的可能某些积极行为多一些，有的可能某些消极行为多一些。以上所列，仅仅是参考，只用于英才

儿童的初步筛选。科学精准的甄选还需要运用多种测量工具、经过多个环节步骤，才能最后完成。

（原文发表于《中小学管理》2022 年第 10 期）

发展英才教育可以有多种形式

一谈起英才教育（俗称"神童教育"），人们就会想起我国的"英才班"（俗称"神童班"），包括大学少年班和中小学的超常教育实验班。"文化大革命"结束后，我国百废待兴，急需各类人才尤其是科技英才，中央提出早出人才、快出人才、出好人才的要求。在此背景下，1978 年中国科学技术大学开办少年班，将一些早慧的中学生集中到大学学习。1985 年以后，又有 12 所大学加入，举办了少年班。大学少年班需要生源，于是一些中小学开始举办超常教育实验班，与大学少年班相衔接，为少年班提供生源。

英才班不能作为英才教育的主流模式

这种英才班有三个特点。第一，单独编班。即把经过测试识别出来的英才学生集中起来，单独编一个行政班，类似"尖子班"。第二，隔离教育。英才班单独运行，英才学生与普通班的同龄人隔离开来进行教育。第三，压缩学制。例如：中小学超常教育实验班用 4 年学完 8 年的课程然后考大学，可以节省 4 年；某大学少年班用 8 年完成初中、高中、本科、研究生共 13 年的课程，可以节省 5 年。压缩学制凸显了早出人才、快出人才的要求。但是，单独编班且如此求快，结果就好吗？

不可否认，英才班培养了一批优秀人才，其就业领域主要分布在国内外一流大学、科研机构，以及国内外工商、金融、IT、制造等行业，成就卓著，引人瞩目。但不可否认的是，英才班的培养形式也存在一些突出的问题，主要表现在一些学生出现片面发展、非智力因素发展滞后、人际交往能力差、不能适应社会等问题。英才班因此受到质疑。1999 年，全国政协委员蔡自兴在全国"两会"期间提出《及早废止少年班》的书面报告，引起强烈反响。此后，大学少年班数量萎缩，举办少年班的高校由 13 所缩减为 2 所，举办超常教育实验班的中小学由 70 所左右缩减为 10 所左右。总体而言，我国英才班在早期并不是特别成功。后期坚持下来的英才班汲取早期的教训，尽管办得越来越好，但是成本很高，而且体量很小，没有规模效应，全部加起来每年招生也就几百人。而我国即便按照最严苛的 1% 口径计算，仅中小学的神童总量就达 200 万人左右，因此当前的英才教育远远不能满足国家现代化对于拔尖创新人才的需要。

与许多国家相比，我国英才教育发展落后。我国需要大规模发展英才教育，让所有神童的潜能都得到开发，而要做到这一点，就不能把成本高昂的英才班这种教育形式作为主流模式。

英才教育有多种形式可以选择

由于 1978 年以来我国英才教育的主要形式甚至唯一做法就是英才班，很多人认为英才班就是英才教育的全部，即"英才班＝英才教育"。其实不然，英才教育还有很多其他形式可供选择，而且这些形式还可以规避传统英才班的种种弊端。

英才教育有加速模式和充实模式两种模式，每种模式之下又有多种形式。

　　加速模式是世界英才教育的"正统"模式，早期的英才教育都是加速模式。加速模式可以分为年级加速和内容加速两种。年级加速是指提早入学（小学、中学、大学）、跳级等，比如5岁入小学，读小学三年级时直接跳级读五年级等。内容加速是指加速掌握课程内容，如某一科目加速、几门科目同时加速、提前修读较高年级科目、在中学时修读大学课程等。但是这些加速模式与我国的英才班不同。第一，年级加速所采取的是"随班就读"方式，即随高年级的班级就读，并不单独编班，这样可以节省大量成本。第二，实行内容加速时，有两种编班方式：一是在常规班内实施分层教学，让英才学生学习更深的内容，不单独编班；二是在常规班之外把英才学生单独编班，可以在校内编班，也可以在校外编班，比如某些大学为中学英才学生提供暑期课程，但是单独编班只是常规班的补充，是在课后、周末、寒暑假等时间提供的。

　　加速模式能让英才学生"吃得饱"，有助于提升他们的学习动机和学业水平，让他们提前毕业或提早取得更高学历。其典型特征是"学得快"，但是不一定学得全面、扎实、深入，往往过于关注能促进跳级的几门主要学科，其主要弊端是英才学生压力过大，非智力因素发展相对不足，容易产生心理健康问题和社会调适问题。

　　与随班就读的年级加速和内容加速相比，我国的英才班属于"激进加速模式"，如单独编班、与同龄非英才学生隔离、过度压缩学习年限等，这种激进做法会放大一般加速模式的优势与弊端。而英才教育的充实模式有助于解决加速模式的问题，尤其是化解我国英才班这种激进加速模式的负面效应。

　　充实模式是指不改变英才学生的就读年级，通过提供常规课程之外的拓展课程，或提供常规课程之上的高深课程，或使用更加复杂的教学策略，来满足英才学生特殊需求的教育模式。充实模式的特点不是像加速模式那样"学得更快"，而是在横向上"学得更宽"，在纵向上"学得更深"，也就是在知识的学习上更有广度和深度，此外还可以让学生学得更实、学得更有兴趣，并注重创新能力、研究能力的培养。充实模式的最大优势是可以较好地消除加速模式的主要弊端。在充实模式中，英才学生不跳级，更不单独编班，而是在普通班级中与普通的同龄人一起学习和生活，有利于其情商发展，使得其智力因素和非智力因素平衡发展。

充实模式不改变英才学生的就读年级，其主要形式有以下几种：第一，普通班级中的分组教学，给予英才学生难度大的学习任务，让其"吃得饱"；第二，班级课程以外的额外课程，一般每周在校内1—2次、校外1次，重在发展兴趣与专长；第三，在导师指导下，开展特别感兴趣的课题研究；第四，在夏令营或冬令营中为英才学生提供学术性课程。

可见，充实模式与加速模式并非泾渭分明，而是有模糊和交叉之处。加速模式中课程"学得更快"，与充实模式中"学得更宽"和"学得更深"没有本质区别。因此，如果说充实模式的典型特征是不跳级、不早入学，那么加速模式的典型特征则是比同龄人提前入学和跳级。但是二者都强调随班就读，一个是随同龄人的班，一个是随高年级的班。

大规模发展英才教育需要推动培养模式创新

之所以将我国的英才班模式称为"激进加速模式"，就在于其单独编班、实行隔离教育与过度加速，尤其是过度加速招致很多批评，认为是拔苗助长，这种批评并不是没有道理。与我国的英才班相比，国外的加速模式属于"温和加速模式"，实施的是融合教育，即便单独编班也是临时性的，是常规班的补充，与常规班是互补的。而且早入学和跳级，也不是全班集体性的，幅度也不会那么大。实际上，通过过度加速让这些英才学生提前几年读大学、读博士的实质意义并不大，关键是将来他们能否成为科技英才、能否生活幸福，如果只为"赶早"成为大学生或者博士生，那么并不符合英才教育的初始目标。

对于我国的英才班这种激进加速模式，尽管有的家长趋之若鹜，以为进了"神童班"就等于进了保险箱，但是也有不少家长明确表示，即便自己的孩子是神童，也不会让孩子进这种过度加速的"神童班"，甚至有些大学少年班的学生毕业后也说，如果能从头再来，绝不会选择进入少年班。相对于过度求快的英才班加速模式，家长、学生、教师更认可充实模式。当然，随着我国英才班的持续发展与改进，很多英才班早期存在的问题已得到解决，但是成本很高。

加速模式与充实模式各有长短，需要取二者之长，进行优化组合，设计出多种多样的英才教育模式。例如：可以采用加速模式中的早入学、跳级，但不要过多压缩年限；可以采取充实模式中的分层教学，提供班级课程以外的额外课程，开展课题研究，开展学术夏令营或者冬令营活动；也可以把上述形式进行不同的排列组合，混合使用。不论英才教育采用什么形式，本质上都是因材施教，为英才学生提供个性化或个别化教学。

为推进创新驱动发展战略，提升国际竞争力，我国亟须大力发展英才教育。需要特别注意的是，不要把英才教育与英才班画等号，并因为英才班存在一些弊端而全盘否定英才教育的必要性。开展英才教育有多种形式，远远不只英才班这样一种形式，而且要大规模发展英才教育，更不能把英才班作为主流模式。只有运用多种形式发展英才教育，才能改变我国英才教育的落后面貌。

（原文发表于《中小学管理》2022 年第 11 期）

英才教育有没有成效？

　　从世界范围看，"英才教育有没有成效"不是一个问题。因为众多国家都大力发展英才教育并且培养出了大量优秀人才，足以说明英才教育是有成效的，是值得发展的。但是在我国，"英才教育有没有成效"却成为一个绕不过去的问题，至今悬而未决，以致迟滞了英才教育的政策进程与实践进程。

　　我国英才教育的探索始于1978年，但是我国英才教育的发展却道路坎坷，其成效也有争议。20世纪80年代，我国一些大中小学相继举办英才班，采取集中式加速模式，单独编班，当时备受社会关注和家长青睐，鼎盛之时举办英才班的大学有13所、中小学有约70所。英才班在开始举办之时就有人质疑，随着大学少年班中个别学生出现严重心理问题，让社会难以接受，质疑的声音越来越大。1999年全国"两会"期间，有政协委员提出"及早废止少年班"，引起很大社会反响。此后，大学少年班纷纷取消，中小学英才班的数量也随之锐减。到2020年，大学只有2所（中国科技大学和西安交通大学）还在坚持，中小学只有10所左右还在艰苦支撑，我国以英才班为主导形式的英才教育进入低谷期。

　　兴办英才班之初的过高期待与现实形成很大反差。政府和社会对英才班的期待是造就一批科技领军人才和顶尖科学家，但是这个目标并没有实现。不仅如此，一些"神童"还出现了严重的心理问题，人际交往能力差，难以适应社会，甚至不能参与正常的社会生活。这种结局与原初的高期待和投入的高成本反差太大，于是有人认为，英才教育的效能与效率都不高，英才教育没有什么成效。有人则不认可这种悲观的看法，认为英才班的确培养了一批优秀人才，他们在国内外工商、金融、IT、制造等诸多领域卓有成就，不能因为个别学生出现严重心理问题，就一叶障目从而抹杀成绩。英才班学生的成才率相对较高，基本实现了早出人才、快出人才、出好人才的初始目标。另外，对于英才班成效的评价也不能急功近利。人才的成长具有较长周期，不能急于求成，要有耐心与定力，也许英才班的学生中将来会产生一些有世界影响的科学家。

这两种对英才教育效果截然相反的评价都有事实基础，我国英才班模式的英才教育的确有成效，也的确有问题。当前应该采取的态度是：其一，应该进一步扩大成效；其二，不应该因为存在问题而否定英才教育的合理性与必要性，而应该在总结教训的基础上更加多快好省地发展英才教育。

尽管英才班培养出了一批优秀人才，但是英才班的学生总量太少，最后成才的学生总量更少，也难以支撑国家创新发展与现代化建设，其成效是非常有限的。要让我国英才教育有大成效，必须大力扩大英才教育规模，只靠几个实验性的"小作坊"去培育创新人才是远远不够的。因此，世人评说我国英才班成效不显著，与其规模太小难成大气候有密切关系。我国英才教育只有全面展开、大规模发展，才能产生大成效。而要大规模发展英才教育，就不能主要使用英才班这种成本高昂、单独编班的"激进加速模式"，而应以"充实模式"为主，再加上成本低、搭便车式的"非激进加速模式"作为辅助方式（参见前一篇文章《发展英才教育可以有多种形式》）。

1999 年以后我国英才班大幅缩减，主要有三种原因。其一，目标偏窄与偏高，主要关注学生智力因素的发展。学校、家长和社会对英才学生均期待过高，或期待他们改变中国科技面貌，或期待他们都考上重点大学，导致他们压力过大，进而抑制了非智力因素的健康发展，一些学生甚至从"超常"变成"失常"和"异常"。发展英才教育，需要"以平常心做超常事"。不要只是把英才学生作为国家科技发展的工具、提升学校升学率的工具，要以人道主义精神对待他们，尊重其兴趣与选择，让他们能快乐学习、幸福生活。其二，教育模式过于单一。我国的英才教育模式属于加速模式，而且是一种单独编班、集中隔离（与同龄人隔离）、过快加速的"激进加速模式"。这种模式的典型特征是"重快轻好"，会导致拔苗助长，不利于学生的全面发展、个性发展与可持续发展。我国的英才教育可以采取多种形式，不能只是采用单一的英才班模式。其三，师资队伍跟不上。英才学生比普通学生更难教，在20世纪八九十年代，教师素质难以满足英才学生培养的需求，尤其是心理健康教育的需求。英才教育的健康发展需要一支专业化的师资队伍。

英才教育对国家发展具有战略意义，对英才学生个人发展具有内在价值，其成效不言自明。我国应在总结经验教训的基础上推进英才教育又快又好发展，不能因为原来的英才班模式存在问题，就否认多种形式英才教育的重要性与必要性。

（原文发表于《中小学管理》2023年第1期）